PUBLICATION DE LA SOCIÉTÉ DES ARCHIVES HISTORIQUES
DE LA SAINTONGE ET DE L'AUNIS

ÉTUDES HISTORIQUES

LA
MAISON DE RABAINE

PAR

CHARLES DANGIBEAUD

LA ROCHELLE
IMPRIMERIE NOUVELLE NOEL TEXIER

1891

LA MAISON DE RABAINE

PUBLICATION DE LA SOCIÉTÉ DES ARCHIVES HISTORIQUES
DE LA SAINTONGE ET DE L'AUNIS

ÉTUDES HISTORIQUES

LA

MAISON DE RABAINE

PAR

CHARLES DANGIBEAUD

LA ROCHELLE
IMPRIMERIE NOUVELLE NOEL TEXIER

—

1891

LA MAISON DE RABAINE

EN SAINTONGE

La commune d'Echebrune jouissait, il y a quelques années, du privilège, assez rare, d'avoir sur son territoire deux monuments également remarquables : l'église, legs du moyen âge, et le château d'Usson, l'œuvre capitale de la renaissance en Saintonge avec Notre-Dame de Lonzac. Elle ne possède plus que son église, Usson ayant été transplanté aux Egreteaux, commune de Pons. Toutes les générations passées ont admiré cette vieille demeure des Rabaine ; la galerie, ses devises, ses médaillons d'empereurs romains, ses superbes gargouilles, la tour d'angle, sorte de donjon, dont la toiture en pierre est surmontée d'une lanterne richement décorée, charment encore les artistes. Ce sont les deux parties principales, celles qui distinguent le château et lui donnent un intérêt particulier. Si l'on est à peu près fixé sur la date de sa construction (1536-1548), on ne connaît point exactement celui des Rabaine qui le fit bâtir. Il faudrait une généalogie complète de cette famille ; on n'en a point. Un examen sommaire suffit pour démontrer que la filiation, insérée par La Chenaye-Desbois dans son *Dictionnaire de la noblesse*, est très fautive, pleine de confusions, d'inexactitudes et de pro-

---

1. Cette vignette représente une des statuettes du château d'Usson.

fondes lacunes. On n'y trouve ni division méthodique, claire, précise, partant de la souche, donnant les rameaux qui en sont issus, avec une classification chronologique. La tige d'Usson, la plus importante, ne compte qu'un nom, le dernier ; une branche entière est omise; deux parents éloignés, portant le même prénom, mais que leur titre seigneurial respectif permettait de distinguer, ne forment qu'une seule personne. La Chenaye prend soin, cependant, de nous avertir qu'il a dressé sa généalogie d'après un « *mémoire* rédigé sur titres ». Nous connaissons ce mémoire ou croyons le connaître; nous en avons vu un qui avait une analogie frappante avec la rédaction du *Dictionnaire*. Ni l'un ni l'autre ne sont le résumé fidèle de renseignements certains, recueillis dans les contrats de mariage, partages, testaments, etc. Les trois ou quatre derniers articles, les plus récents, sont seuls presque exacts. Néanmoins, on consulte toujours La Chenaye. On ouvre toujours cette généalogie, qui a déjà trompé tant d'écrivains. Il n'en existe pas d'autre, sauf les quelques pages consacrées par l'abbé Nadaud à la branche de Mazerolles.

Une révision complète s'imposait. Nous l'avons entreprise, cherchant à démêler les fils embrouillés de cet écheveau. La généalogie, telle que nous la présentons, est imparfaite ; il subsiste des vides, des incertitudes, des questions non résolues, notamment pour les seigneurs d'Usson [1]. On pourra la compléter; mais les tiges principales sont retrouvées désormais, avec descendance suivie, appuyée sur titres authentiques. Au surplus, nous avons mis le lecteur à même de contrôler et de refaire, s'il veut, d'augmenter, s'il peut, notre travail, en citant nos sources et en publiant les documents inédits que nous avons utilisés. Nous apportons notre dossier ; d'autres auront le bonheur de retrouver des textes, à l'aide desquels ils traiteront certains problèmes qui nous paraissent insolubles, et rectifieront au besoin.

D'où vient le nom de Rabaine? On a dit que la famille l'avait pris d'une terre située en l'île d'Oleron. Est-ce exact? Autour de Pons on trouve le moulin de Rabaine (1292), puis le petit fief de Rabaine, dans la paroisse d'Avy, qui fait l'objet d'une transaction entre le seigneur du dit lieu et le prieur de l'hôpital

---

1. Une grande quantité de parchemins provenant d'Usson a brûlé dans l'incendie de la bibliothèque de Saintes, en 1871.

neuf de Pons (15 juillet 1359) [1]. Il y avait encore la rivière de Rabaine [2]. Loubat de Meritain, mari de Jeanne de Rabaine, reçoit, le 17 avril 1499, l'hommage de Jacques Faure, écuyer, sieur de Jarlac, à cause de sa seigneurie de Rabaine, pour le fief qu'il tient d'elle, à hommage plein, au devoir de dix sous tournois, à muance de seigneur, « tenant d'un bout au coin de la grande Seigne à un lieu nommé le Trac de Rachaigne, tenant d'un costé au coin d'une prairie ou marais appellé Rabaine, qui meut de la seigneurie de Berneuil, jusque à un autre lieu nommé l'Ecluse de Jarlac, touchant aux prairies et terre de l'abbaye de La Frenade, retournant la dite prairie et rivière au long des terres et une borne de pierre, qui est en la prairie, estant à l'endroit du bout de la terre de l'hôpital neuf de Pons, retournant au Trac de Rachaigne [3].» Le savant abbé Le Laboureur n'a pas cru que le nom vint d'une terre située en l'île d'Oleron. « La terre de Rabaine [4], qui a donné le nom à cette maison, ou qui l'a reçu d'elle, paroit, par les anciens dénombrements rendus aux princes de Galles, ducs d'Aquitaine, s'être étendue autrefois, depuis la tour des ponts de Xaintes, appellée la tour de Montrouble, jusque sur le coureau d'Oleron et comprenoit la ville de Xaintes. Et depuis qu'elle rend hommage à l'évêque de la même province, sous le nom de Rabainières, elle est extrêmement racourcie. » En fait, les Rabaine possédaient de très bonne heure, autour de Pons, des fiefs nombreux : Pisany et Gemozac sont les plus anciens et les principaux ; puis à Jazennes, Cognac, Varzay, Pérignac, Chadenac, Pons, Biron, Tanzac, Saint-Seurin de Marennes, Hiers. On les voit seigneurs de Brésillas, La Touche, L'Hommée, La Faye, Brillac, Briagne [5],

---

1. *Chartrier de Pons* dans les *Archives historiques de la Saintonge et de l'Aunis*, t. IX, p. 171.

2. *Idem*, p. 292.

3. Copie défectueuse du XVIIe siècle. Sont témoins : Noël Tapissier et Jean Tapissier, marchands (Papiers appartenant à M. Ribéreau, à Passirac, héritier des Rabaine. Voir plus loin, page 52).

4. « Le cabinet de M. de Clérambault nous a fourny sur la maison de Rabaine un mémoire manuscrit, dressé par le célèbre abbé Le Laboureur, si versé dans la connoissance des familles. » (*Manuscrits* de dom Fonteneau à la bibliothèque de Poitiers, t. XIV, page 167; *Mémoires sur diverses familles*, par M. de Sainte-Maure).

5. Briagne, en 1540, appartenait encore aux Gombaud. (*Aveu inédit de la châtellenie de Mirambeau*, par Jacques de Pons).

etc., en dernier lieu de Pèrefonds, La Cour. Ils avaient à l'hôpital neuf de Pons leur sépulture de famille. Usson a immortalisé leur nom en quelque sorte. S'ils n'étaient point suzerains de Saintes, ils y avaient des droits utiles. Geoffroy de Rabaine parle, dans son testament, de sa terre de Saintes, dont la valeur avait grandement diminué. Geoffroy, son fils, abandonne au prieuré de Saint-Eutrope les rentes qui lui appartenaient, tant au bourg que près du bourg. Plus tard, le 1ᵉʳ août 1492, Jeanne de Mambier, veuve de Jean de Rabaine, écuyer, seigneur de Pisani, donne à Barbe Bernarde une métairie en la seigneurie de la Croix-Blanche, puis « les place et maison avec leur vergier, assise au bourg Sainct-Eutrope hors les murs de Xaintes, en laquelle place soulloit avoir une maison à icelle Jeanne de Mambier appartenant, icelle place tenant d'ung bout à la rue, par laquelle on dessant à la fontayne dudit Sainct-Eutrope, passant devant la chatellenie du dit lieu... » (*Archives Ribereau*). Enfin, ce qui écarte définitivement (en dehors des autres considérations) toute idée de pouvoir exclusif, c'est que les Rabaine rendaient hommage à l'évêque de Saintes, seigneur temporel d'une partie de la ville, pour les fiefs qu'ils pouvaient tenir *intra et extra muros*.

Le jour où le prélat faisait son entrée dans la cité santone, le noble seigneur de Pisani remplissait l'office d'enfant de chœur, à la messe, et celui d'échanson et d'essayeur pendant le dîner qui suivait la cérémonie [1]. Vêtu d'une robe écarlate, que lui remettait le nouvel arrivant, il présentait au diacre chargé de les verser dans le calice, l'eau et le vin du sacrifice; puis, à table, il offrait le premier plat et servait à boire [2]. Il pouvait prendre, comme récompense, la coupe où l'évêque avait trempé ses lèvres. Une vieille coutume lui en donnait le droit. Elle devait en effet avoir une origine très lointaine. La maison de Rabaine compte parmi les plus considérables et les plus anciennes de la noblesse saintongeaise. L'étendue de ses possessions domaniales, le rôle qu'elle joua, les charges qu'elle remplit, les alliances qu'elle contracta la plaçaient au premier rang. La Chenaye affirme, sans preuves, qu'on la connaît depuis 1018. Nous ne pouvons

---

1. Louis Audiat, *Entrées épiscopales*, page 24.

2. *Idem.* « Ad mensam servit eidem domino episcopo dominus de Rabeyna et semper eidem propinat vinum. Post prandium vero scyphus seu cupa in qua bibit dominus episcopus spectat dominum de Rabeyne de consuetudine.»

remonter aussi haut, nous atteignons seulement les premières années du xiiie siècle [1].

L'histoire de cette famille ressemble à celle de presque toutes les autres de la contrée. Elle subit les fortunes diverses de la guerre contre les Anglais, combattant tantôt sous l'oriflamme de Saint-Denis, tantôt sous l'étendard aux trois léopards, suivant que les conventions les rangeaient de ce côté ci ou de ce côté là. En 1273, Hélie de Rabaine, chevalier du diocèse de Saintes, est homme lige du roi d'Angleterre [2]. Trois ans après, en 1276, il aurait, dit-on, conclu un traité de paix, comme plénipotentiaire du roi de France [3]. « L'hommage que le seigneur de Pisany rendait au prince de Galles, comme duc de Guyenne, estoit de le servir un mois durant, à la guerre, buvant et mangeant à la table et au despens dudit seigneur duc, non pourtant si loin qu'il ne put se retirer tous les soirs dans son hôtel à Saintes [4]. » Pierre de Rabaine, soupçonné de favoriser les chefs anglais, avait vu saisir les biens qu'il pos-

---

1. Voici, à titre de curiosité et comme échantillon de la sagacité des étymologistes de profession, le préambule d'un mémoire du xviiie siècle : « Cette famille est une des plus anciennes noblesses de la province de Saintonge ; on trouve, dès l'an mil, des seigneurs de Rabaine, sires de Pisany, où ils avaient droit de souveraineté, pour laquelle terre ils rendaient hommage à monseigneur le prince de Galles, duc de Guienne. Ils possédaient, dès ce temps là, beaucoup d'autres terres, tant en Guienne que Saintonge, en Oleron, où est encore le vieux château et la terre de Rabaine, à laquelle ils donnèrent leur nom. Le livre rouge de la maison de ville de Saintes fait mention de cette famille ; ils étaient seigneurs des faubourgs de Saint-Eutrope lès Saintes, Saint-Vivien, La Bretonnière et une partie de la ville, où on voit encore leurs armes sur la porte d'Aiguières. Comme vicomtes de Blaye, ils firent aussi poser leurs armes sur la fontaine publique, ainsi que dans plusieurs églises de Saintonge dont ils étaient seigneurs. L'origine de cette famille vient, dit-on, d'une ville de Perse, nommée Regia Bana ou Vigia Bana ; deux frères vinrent s'établir en Gaule et de l'un d'eux naquit un fils qui devint archevêque électeur de Mayence sous le nom de Rabanus... » L'auteur veut parler de Raban Maur, *Rabanus Maurus*, le savant évêque de Mayence, mort en 856.

2. Rymer, *Acta publica*, t. ii, p. 20, cité par Massiou, *Histoire de la Saintonge*, t. ii, p. 153.

3. La Chenaye et dom Fonteneau, t. xlvi, p. 167.

4. Dom Fonteneau, *loco citato*.

sédait en l'île d'Oleron; il obtint leur restitution en 1323 [1]. Guillon de Rabaine « meurt au fort des guerres contre les Anglais [2] ». Vers le commencement du xvᵉ siècle, Geoffroy de Rabaine était sénéchal de Quercy et de Périgord. Au xviᵉ siècle, Jean de Rabaine commande le ban de la noblesse saintongeaise. Jean, son fils, embrasse la foi calviniste et devient un chef redouté de l'armée protestante. Henri de Bourbon, prince de Condé, lui confie la place de Pons, « s'asseurant que le sieur d'Usson, qu'il désire et accepte pour leur commander, auquel il les prie d'obéir, le cognoissant gentilhomme d'honneur et signallé, remettra toutes choses par advis des principaulx habitans en leur premier estat et bon ordre. » (29 décembre 1576) [3].

A tous ces titres, les Rabaine méritent qu'on les étudie. Mais, en nous plaçant à un autre point de vue, ils nous intéressent plus vivement. Ils ont laissé derrière eux une œuvre, qui préserve mieux leur nom de l'oubli que ces grands coups d'épée. L'histoire militaire, il faut le dire, ne pouvant citer aucun service mémorable, ni aucune de leurs actions d'éclat qui les mette hors pair, les confond dans une demi-obscurité, au milieu de cette nombreuse phalange de chevaliers qui accomplirent leur mission avec honneur et courage. L'histoire artistique, au contraire, retient leur nom, parce que l'un d'eux, subissant l'influence de la renaissance, construisit le château d'Usson. Les qualités ou les défauts de ce monument ne sauraient être discutés ici. Il n'existe plus sous sa forme primitive. Déjà fort délabré au xviiiᵉ siècle, il subit, pendant la révolution, une transformation complète. De nos jours il a été déplacé, rebâti, rajeuni, modernisé. Mais nous pouvons nous demander qui fit bâtir cette galerie si pure de style, si sobre d'ornementation, et cependant si imposante. Le problème se trouve compliqué par une seconde question : d'où viennent les croissants appliqués sur le lanternon de

---

1. Rymer, *Rôles gascons*, I, p. 63, n⁰ 64. « De terris et tenementis in insula de Oleron restituendis Petro de Rabayn, captis in manum regis super suspicione adhærendi magnatibus Angliæ. » Ce Pierre de Rabaine ne peut être rattaché à la filiation.

2. Voir plus bas *Mémoire*, pièce xxxvii, § M.

3. *Archives de la Saintonge*, t. IX, p. 391. En 1574, avec Pontus de Pons, seigneur de La Caze, Campet de Saujon, Bonnefoy de Bretauville, il prit Pons, Royan, Tonnay-Charente, Talmont, Saint-Jean d'Angély, Rochefort. (Cf. *Etudes et documents sur la ville de Saintes*, p. 369).

la tour, les gargouilles et les intervalles entre les consoles de la corniche ?

Françoise de Saint-Hermine apporta à son mari, Jean III de Rabaine, la seigneurie d'Usson en 1485 (pièce xiii). On verra dans notre généalogie que, d'après nos notes, ce Jean III épousa d'abord Françoise de Saint-Hermine, dont il aurait eu un fils, Jacques; puis en secondes noces. Jacquette Bertrand, qu'il laissa veuve avec un enfant prénommé Jean : c'est notre Jean IV. Jacques de Rabaine ne peut être le fils de Jacquette Bertrand. Nous déduisons les motifs plus loin (Voir son article dans la *Généalogie*). Il se maria deux fois et mourut vers 1522, assassiné, dit une *Note manuscrite*, par Guy de Pons. Charles, son fils, est mort sans être marié. Le 8 août 1530, Jean de Rabaine, écuyer, seigneur d'Usson et de Brésillas, rend hommage au roi de cette dernière seigneurie et du fief de Chenaumoine, «à lui advenu et escheu par le trespas de feu Charles de Rabaine, son nepveu »¸ mouvant de Talmont [1]. Ce Jean de Rabaine est bien le même que le fils de Jacquette Bertrand, comme le démontrent nos pièces xxvi et xxviii. Seul il représente cette branche d'Usson. Il en est le chef. Nous le suivons de 1505 à 1563. Le 6 novembre, il donne procuration à son fils, Jacques, pour rendre hommage, entre les mains du chancelier de France à Paris, du fief de Chambellage [2]. Lui-même, le 16 novembre, fait l'aveu et dénombrement des fiefs qu'il possède sur les paroisses de Salles, Gimeux, Genté (pièce xxviii). Après 1563, il ne reparaît plus. Si maintenant nous recherchons les dates extrêmes relevées à Usson, nous voyons 1536 comme étant la plus éloignée, et 1548 comme la plus récente. Nous concluons donc que le véritable constructeur se nomme Jean IV de Rabaine, et non pas Paul, ainsi qu'on le répète si souvent. Cette erreur provient surtout, il est vrai, de la fausse interprétation donnée aux croissants. Ces emblèmes éveillent, partout où on les remarque, l'idée de Diane. Ceux de Diane de Poitiers ont puissamment contribué à accréditer cette pensée. Or, la femme de Paul de Rabaine, qui vivait au xviie siècle, se nommait Diane d'Estuer. Il parut tout naturel de croire

---

1. Nous n'avons pu reproduire le document d'où cette phrase est extraite. Il n'a pas été trouvé aux archives nationales. La note nous est fournie par M. de La Morinerie, avec quelques autres, très exactes ; par conséquent, elle peut être considérée comme aussi authentique que si nous avions l'original.

2. *Bulletin de la société des Archives*, t. iii, p. 33.

que les croissants d'Usson rappelaient très clairement, sans discussion possible, le prénom de la châtelaine. Mais on oubliait
que cet attribut est sculpté en deux endroits du
château, posé sur une fasce, accolé, dans le
même écusson, aux coquilles des Rabaine.
L'une des superbes gargouilles de la galerie
François Ier porte précisément, plaqué au ven-
tre, un écu mi-parti de cette façon. Dès lors, le
symbole devient une simple pièce héraldique,
la pièce principale des armoiries de la femme
du constructeur. Quelle est cette femme ? Jacquette de Sainte-
Maure, répondent les généalogistes. Si nous consultons son bla-
son, nous y voyons bien une fasce de gueules, mais aucun croissant. Faut-il hasarder l'hypothèse d'une brisure ignorée des hé-
raldistes ? Peut-être Jean de Rabaine, selon l'habitude de ses
ancêtres, avait-il épousé une première femme qui mettait un
croissant dans ses armes. Peut-être vivait-elle au moment où
Jean de Rabaine bâtissait. Nous ne la connaissons pas. Personne
ne fait allusion à un second mariage. Jacquette [1] de Sainte-
Maure, nous devons l'avouer, nous est aussi inconnue do-
cumentairement ; son existence est affirmée par l'abbé Nadaud
et dom Fonteneau. Elle échappe pourtant aux recherches les plus
opiniâtres.

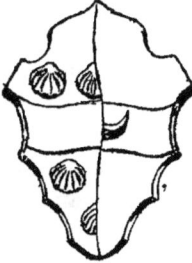

Nous avons vu ci-dessus par quelle voie Usson arriva dans la
maison de Rabaine. Il est moins facile de préciser l'année où il
sortit de son patrimoine. Dès le commencement du xviie siècle,
la fortune semble péricliter. Les troubles du xvie siècle, ceux du
xviie (pièce xxxv), les dettes, les procès, abaissèrent peu à peu la
puissance territoriale de cette famille jadis si opulente. Pisany,
déjà, avait été vendu à un étranger, malgré les oppositions réi-
térées des ayants-droit, toutes les ressources de la procédure épui-
sées, les arrêts obtenus. Néanmoins, il fallut céder. Pisany
passa des Rabaine aux Pons, fut revendu à Arnaud de Tourettes, enfin entra chez les Vivonne. Paul de Rabaine ne mourut
point à Usson. Cette terre fut saisie, licitée en justice, *décrétée*,
selon l'expression du temps. Le passage qui suit, extrait d'une
transaction du 9 octobre 1654, analysée dans l'*Histoire manu-*

1. Elle pourrait aussi s'appeler Jeanne. Les manuscrits de Beaumont fournissent des exemples contemporains de la substitution de Jacquette à Jeanne.
On verra plus loin des femmes portant deux prénoms distincts.

scrite de la maison de Beaumont, fol. 136, v° (à la bibliothèque de Saintes), l'indique très nettement: «...La somme de 3,000 livres que la dite dame de Potonville (Jeanne du Lion) avoit donnée et ceddée au dit seigneur de Saint-Germain, lors de son mariage avec la dite dame Catherine de Belcier, à prendre sur ce qui luy estoit deu par le seigneur d'Usson, laquelle terre d'Usson avoit esté décrétée, sans que le dit seigneur de Saint-Germain peut estre payé... La dite dame de Saint-Martin prétendoit au contraire... que, quant aux 3,000 livres, ceddées sur le seigneur d'Usson, la dite dame de Belcier pouvoit les repeter sur la terre et seigneurie de Brillac, située en Basse-Marche, laquelle restoit encore de la succession du dit débiteur...» Cette seigneurie aurait-elle été achetée par Charles de Senecterre, gendre de Paul de Rabaine? En 1694, Madeleine de Briet est veuve de Paul de Senecterre, chevalier, seigneur comte de Saint-Victour, Brillac et Usson [1]. Vingt-cinq ans plus tard, Jean Arbouin, conseiller du roi en la cour des aides de Guyenne, possède cette terre, et sa fille se laisse appeler, sans que sa modestie proteste, mademoiselle d'Usson. La veuve de Jérôme Arbouin aliéna pendant la révolution, moyennant un prix dérisoire, le château et ses appartenances, au citoyen Marot, fermier, qui, amoureux forcené de la ligne droite, démolit le château, du reste très détérioré, et en reporta la façade, pêle-mêle, en arrière, de manière à l'aligner avec la galerie. C'est dans cet état qu'il passa successivement des mains de M. Dupuy en celles de MM. Gandaubert et William Augereau, le propriétaire actuel [2].

⁎
⁎ ⁎

Il nous reste à dire un mot des sources auxquelles nous avons puisé les éléments de notre généalogie. La plupart des pièces justificatives que nous publions sont tirées des papiers du seul représentant de la famille de Rabaine, M. Ribereau, maire de Passirac (Charente). Nous en avons obtenu la communication, grâce à l'obligeance de notre distingué confrère, M. le docteur Vigen, qui explore, lui aussi, les archives particulières du pays et

---

1. Minutes de Feuilleteau, notaire royal à Saintes.
2. Voir *Recueil de la commission des arts et monuments de la Charente-Inférieure*, t. II, page 159.

nous a fait profiter de ses notes. Ces documents, encore très
nombreux, mais presque tous fortement gâtés par l'humidité,
rongés, à moitié effacés, forment deux groupes distincts : 1º les
actes authentiques, tels que contrats de mariage, testaments,
ventes, etc.; 2º les pièces ne présentant pas le même caractère,
les mêmes garanties de vérité; ce sont des notes, écrites en marge
de ces actes, indiquant généralement la parenté des Rabaine qui
y sont nommés, puis un fragment de *Mémoire*. Nous avons peu
usé des unes, tandis que nous renvoyons souvent à l'autre. Rédigé, vers 1665, probablement pour Jean X de Rabaine, ce mémoire, produit à Limoges, contient des renseignements précis,
datés, émanés de titres dont les originaux sont aujourd'hui per-
dus en partie. C'est une sorte d'inventaire. Si l'auteur se trompe
parfois sur certains noms, il analyse des documents sur lesquels
il ne saurait commettre d'erreur grave, principalement en ce
qui touche les Rabaine. Du reste, nous avons retrouvé quel-
ques-unes des pièces visées et transcrites dans ce mémoire ; le
sommaire est parfaitement exact. Nous ne nous sommes pas
cru permis de négliger ce document, pensant même que nous
pouvions le consulter avec fruit et que, jusqu'à preuve du contraire, nous étions fondé à lui accorder pleine confiance.

Ces trente-sept pièces ne fournissent pas seulement la justifica-
tion de notre généalogie; elles révèlent quelques faits nouveaux.
Le testament de Geoffroi de Rabaine (nº iv) intéresse Pons, ainsi
que les numéros précédents, et signale la dépréciation considérable subie par la propriété foncière, après la trop fameuse
peste noire qui réduisit la population de l'Europe d'un tiers en
quatre ans. C'est même la première fois qu'une charte saintongeaise parle du terrible fléau. Les statisticiens verront encore,
dans la pièce xii, combien le revenu avait diminué au xvᵉ siècle.
En 1375 (nº x), Geoffroy, sénéchal de Périgord et de Quercy (nº
xi), qui manque aux listes de sénéchaux de ces provinces, fait
un don au prieuré de Saint-Eutrope. M. Bauchet-Filleau avait
déjà dit qu'Usson était entré dans la famille de Rabaine par un
mariage avec une Saint-Hermine ; nous avons le contrat qui confirme cette assertion (nº xiii). Au numéro suivant, Jeanne de Rabaine fait donation de la chapelle qu'elle a fondée à Pisani, érigé en paroisse cent ans plus tard, grâce aux instances de Jean
de Vivonne (nº xiv). Une histoire très curieuse est celle de cette
Jeanne de Rabaine, mariée trois fois, en dernier lieu, et très tard,
avec « un jeune gendarme », n'ayant d'enfant qu'en dehors ma-

riage, vendant ses biens pour que ses cousins n'en aient rien.
La lutte qu'elle soutint à ce sujet, l'affaire de la légitimation de
sa fille donnèrent lieu à plusieurs actes de procédure, dont la
pièce XVII est un curieux spécimen. Enfin, le long fragment de
Mémoire (n° XXXVII) nous révèle (paragraphe Q) que le célèbre
ingénieur Louis de Foix, le constructeur du phare de Cordouan,
se fixa en Saintonge et y acheta la seigneurie de Favières, près
Mosnac. Aucun de ses biographes ne signale le fait ; si on
pouvait le chercher partout, ce n'est assurément pas dans une
généalogie des Rabaine qu'on devait s'attendre à le découvrir.

GÉNÉALOGIE DES RABAINE

I. — GUILLAUME de Rabaine, témoin en 1228 (*Chartrier de Pons*, t. IX, p. 12; *Archives historiques de la Saintonge*). C'est lui que La Chenaye, je pense, marie avec BLANCHE DE DIDONNE. Il lui donne pour enfants : A. *Geoffroy* ; B. *Allarie*, mariée à Guillaume Foucaud.

II. — P. (Pierre ?) de Rabaine, chevalier, nommé exécuteur testamentaire par Guillaume de Blanzac, le 11 avril 1232, est peut-être son frère. (*Archives*, t. I, page 164).

III. — GEOFFROY I de Rabaine [1], père de : A. *Hélie*, qui suit ; B. *Geoffroy II.*

---

1. Courcelles, *Histoire des pairs*, à l'article *Pons*, t. IV, p. 14 et 16, nomme Guillaume de Rabaine témoin en 1228, et Geoffroy de Rabaine, chevalier de Pons, en 1245. Ils devaient être frères; car, p. 310 du *Chartrier de Pons*, on lit : « G. de Rabayna et Guillelmo fratre suo. »

BRANCHE DE PISANY

IV. — HÉLIE I de Rabaine, valet (1270) [1], puis chevalier (1273 : Rymer, *Acta*), seigneur de Pisany, La Faye. Marié à HOUPPAIS DE LANDE, ou LA LANDE, fille de Jean, chevalier de Montandre et de Fyne. Elle est dite veuve le 13 août 1294 (*Chartrier de Pons*, page 68). Hélie aurait été, d'après La Chenaye, plénipotentiaire du roi de France en 1276, pour con-clure un traité de paix. Il se serait marié trois fois, avec :

1° AGNÈS, dame de Nieul, de Saint-Georges des Coteaux ; 2° N. DE LA LANDE ; 3° HISPANIA DE BOURG, dont il aurait eu : A. *Geoffroy* ; B. *Hélie* [2], tué à la bataille de Poitiers (19 septem-bre 1356), C. *Isabeau*, femme de Guidon d'Ardennes, chevalier, seigneur de Moulidars, en Angoumois [3].

Le *Chartrier de Pons* (p. 68), à la date du 13 août 1294, indi-que Houppais de Lande comme veuve. D'autre part, Hispania de Bourg est dite veuve en 1314. Par conséquent, il exista deux Hélie de Rabaine. Le troisième paraît être le témoin que l'on trouve dans le titre de 1314 [4], conservé aux archives départe-mentales de la Charente-Inférieure.

---

1. 1270, *mai*. « Helias de Rabayna, valetus, filius quondam bone memorie domini Gaufridi de Rabania, militis de Ponte, defuncti. » (*Chartrier de Pons*, t. IX des *Archives*, p. 17).

2. Il est témoin le 5 août de cette même année. (Courcelles, article *Matha*).

3. M. l'abbé Tricoire rapporte cette alliance d'après La Chenaye, sans fournir aucun titre qui la confirme. (Voir *Le Château d'Ardenne*).

4. Hyspania de Burgo, relicta domini Helie de Rabayna, militis, deffuncti, Guillelmo de Amblevilla, domicellus, et Hispania de Burgo, ejus uxor, neptis predicte relicte... noveritis quod cum predicta Hyspania de Burgo deberet et debeat michi, dicte relicte, assignare viginti libras rendales, Burdigalis monete, racione dotis mee, olim michi date et ex causa donationis premisse a domino Guillelmo Ays, patre meo, deffuncto, ex una parte, et decem libras, predicte monete, rendales michi datas ex causa donationis michi facte, pre-missas ab eadem nepte mea, ex altera, et debet michi arreragia dictarum viginti librarum rendalium de viginti annis preteritis que existimabam ad quatuor centum libras predicte monete, et etiam debeat michi ducentas libras... Ego prefata relicta, volens dictis conjugibus gratiam super hiis facere specialem, quipto eosdem penitus de predictis arreragiis et ducentis libris... Et nos predictus Petrus Perrotini, sigillum regium predictum (pour le roi de France) per nos custoditum, nosque dictus episcopus (Guillelmus

Robert de Matha nomme exécuteur de son testament, du 11 mai 1297, Hélie de Rabaine, qui nous semble être le mari de Hispane de Bourg (Courcelles, *Histoire des pairs*, V, art. *Matha*).

— B. En 1315, GEOFFROY II de Rabaine, valet de Pons, l'ancien (senior), frère de feu Hélie de Rabaine, chevalier, ne peut être qu'un fils de Geoffroy I. (*Chartrier de Pons*, p. 88). Geoffroy, qui suit, lègue à sa femme la maison qui appartint autrefois à son oncle Geoffroy (Pièce IV).

V. — GEOFFROY III, valet, *aliàs* chevalier, seigneur de Pisany [1], Rabaine en Pons, Gemozac, Montausier en partie, épousa (le 1er novembre 1316, d'après La Chenaye) ALMODE DE MONTAUSIER, et mourut en 1353, laissant trois enfants (Pièces IV et V) : A. Hélie II ; B. Geoffroy IV, qui suit ; C. Marguerite.

VI. — GEOFFROY IV, damoiseau (1363, Pièce VII ; 1364, Pièce VIII), puis chevalier (1373, Pièce IX), capitaine général de Périgord et de Quercy (Pièce XI), seigneur de la bastille, terre et seigneurie de Pisany [2], Brassau, Varsay, Gemozac [3], Montréal,

---

episcopus Xanctonensis) sigillum nostrum ad contractus, ad relacionem Raymundi, capellani sancti Machuti Xanctonensis, auditoris... apposuimus in testimonium premissorum. Actum et datum, testibus presentibus, ad hoc vocatis et rogatis, magistro Petro de Brozcia, clerico, Helia, filio dicte domine, Guillelmo de Nova Villa, Hugone de Amblevilla, Arnaudo Maynardi. Die lune ante festum beati Thome, apostoli, anno Domini millesimo CCCo XIIIIo.

Deux fragments de sceaux encore apparents. Sur l'un, en cire noire, on voit une fleur de lys ; sur l'autre, en cire rouge, un petit écusson portant une bande chargée de cinq chevrons, entouré d'une rosace. Ce dernier sceau est probablement celui de l'évêque Guillaume de La Motte, auquel le *Recueil de la commission des arts et monuments de la Charente-Inférieure*, t. III, attribue *d'or à trois fasces de gueules.*

1. *1333, 12 janvier.* « Gaufridus de Rabeyna, miles, dominus de Pisani... » (*Chartrier de Pons*, p. 113).

La Chenaye le fait, ainsi que son fils, général des armées du roi de France et pour le pape, puis sénéchal de Périgord et Quercy, ce qui est très probablement une erreur à l'égard de Geoffroy III. Les listes de sénéchaux de ces deux provinces ne contiennent aucun Rabaine ; mais la pièce XI indique d'une manière positive que l'un d'eux remplissait cette charge à la fin du XIVe siècle. Il s'agit de Geoffroy IV.

2. Arrentement du samedi après noël 1412. (*Bulletin des Archives*, IV, p. 327).

3. 1392. Vendredi avant l'exaltation de la croix: « Universis... Petrus Dei

Rabaine, Jazenne, Rioux, Faye, La Ramade, Pessines, La Martinière [1] (*Mémoire*, § L, A).

Il épousa FENOTE DE SAINT-ASTIER, dame du vicomté de Montréal et de la châtellenie de Rioux, en Saintonge (Pièce xv); il en eut : A. *Jean*, qui suit; B. *Guillon*, seigneur de Gemozac, dont la descendance est rapportée plus loin; C. *Marie*; D. *Homme*, qui ne furent pas mariés. Il mourut en 1416 (*Mémoire*, § F).

VII. — JEAN I, chevalier de l'Étoile et du Porc-Épic, écuyer de l'écurie du roi (*Mémoire*, § J et L), seigneur de Pisany [2], épousa : 1° JEANNE MAIGNENNE, dite D'HIERS [3], dame d'Hiers, de Saint-André, Rocheraud et La Bastardière (*Mémoire*, § F), dont un fils : ETIENNE, mort jeune ; 2° JEANNE DE MAMBIER, qui n'eut qu'une fille (*Mémoire*, § F).

VIII. — JEANNE, mineure en 1457 (*Archives*, t. II, p. 286), dernier possesseur de Pisany (Pièce XVIII). Elle se maria quatre fois, d'après La Chenaye, mais par les documents que nous avons en mains, nous n'en connaissons que trois : 1° Pierre de Montalembert [4], huissier d'armes du roi ; 2° Nicolas Calf, chambellan du roi, seigneur de Cheusses et La Salle (*Mémoire*) ; 3° Loubat de Meritain [5] (Pièces XIV et suivantes, *Mémoire*, § G).

---

gratia archidiaconus Xanctonensis, et domina Ysabellis de Massoracere, domina de Briagne, uxor domini Guillelmi Bolberii, militis... advoho... arbergamentum meum dicti loci de Gemonzaco cum juribus... situm inter dominium domini de Rabeyna et inter dominium priori dicti loci... (*Archives Ribereau*).

1. Le *Mémoire* lui donne aussi Usson ; mais c'est une erreur ; ce fief n'entra que plus tard dans la famille (pièce XIII).

2. Il est témoin le 19 mai 1429. (Courcelles, v, article *Vassal*, p. 39).

3. 1442, *23 mars*. — Hommage rendu du tiers de la prévôté de Chérac, par Naudon Regnaud, comme époux d'Eustaisse Boutarde, à Jean de Rabayne, seigneur de Pisany et Rocheiraut, à cause de « Jehanne Maignenne, dite d'Ière », sa femme. (*Manuscrits de la bibliothèque de La Rochelle*, 621, fol. 508).

4. Pierre de Montalembert, écuyer, seigneur de La Rivière, huissier d'armes, bailli de Châtelaillon, grand-maître de l'artillerie du duc de Guienne, chambellan du roi, maître des eaux et forêts de Saintonge. Sa femme, Jeanne de Rabaine, resta veuve, sans enfants, en 1477, déjà âgée et infirme. (Courcelles, XII, article *Montalembert*, p. 8).

5. 1488, *31 décembre*. — Contrat de mariage entre Loubat de Méritain, écuyer, et Jeanne de Rabaine, veuve de noble messire Pierre de Montalem-

Elle mourut en décembre 1503 (*Mémoire*, § K), sans autres enfants que des bâtards, notamment Barbe Bernarde, qui épousa Louis de Brutail ou Boutail, dont Louis et Loubate de Brutail (*Mémoire*, § J et pages suivantes), et après avoir vendu Pisany qui passe aux Tourrettes (*Mémoire*, § K, pièce XVIII), puis par donation aux Vivonne.

BRANCHE DE GEMOZAC ET USSON

I. — GUILLON DE RABAINE, écuyer, seigneur de Gemozac, Rabaine en Pons, Jazennes, Montils, Rouffiac, Cagouillac, Corlay, Assy (*Mémoire*, §§ A et L), épousa MARGUERITE, *aliàs* ISABEAU ARDILLON, fille de noble Elie Ardillon et d'Isabeau Geoffroy de Saint-Coutans, seigneur et dame de Cagouillac, des fiefs d'Hiers, Saint-Jean d'Angély, Verrines et du moulin de la grande roue à Saint-Jean d'Angély (*Mémoire*, §§ F et L).

---

bert, chevalier, dame de Pisany. Loubat de Méritain donne à Jeanne de Mambier, veuve de Jean de Rabaine, écuyer, seigneur de Pisany, père de la dite Jeanne, et à la dite Jeanne de Rabaine, 2,000 écus d'or, au coin du roi. Il est convenu que Jeanne de Baudenis, Jacquette et Barbe de Baudenis, servantes des dites mère et fille, seront mariées et « advancées par les parties par ainsy qu'elles se gouverneront bien et sans reproches, comme bonnes filles le doibvent faire, et en ce faisant les dites parties y employeront et contribueront jusques à la somme de 400 livres tournois, sçavoir est à la dite Jeanne de Beaudenis, la somme de 200 livres et à chascune des autres deux la somme de cent livres tournois... (*En marge, d'une écriture plus récente*) : Jeanne, Barbe et Jacquette de Baudenis sont des batardes de Jean Bernard, sieur de Chadignac, qui servaient au château de Pisany ». Jeanne de Mambier et sa fille donnent à Loubat de Méritain 200 livres de rente annuelle et perpétuelle avec le château de Brassaulx. Fait au château de Pisany, en présence de messire Vincent Peigne, prêtre, Jeannot de Simar, écuyer, Guillaume Bonnet, marchand, demeurant à Saint-Eutrope. ROBERT SIMON, *prêtre, notaire public*.

En tête, d'une écriture du XVIIIᵉ *siècle ou fin du* XVIIᵉ : Troisième et dernier contrat de mariage de dame Jane de Rabaine, dernière dame de Pisani, du nom de Pisani, fille de Jean de Rabaine, chevalier de l'Étoile et du Porc-Épic, et de demoiselle Jeanne de Mambier, ses père et mère, seigneur et dame de Pisany, et la dite Jane de Rabaine, vefve, premièrement de messire Pierre de Montalembert, huissier d'armes du roi, secondement de messire Nicolas Calfe, chambellan du roy, seigneur de Cheusses et de La Salle, et se marie par ce contrat en troisièmes noces à Loubat de Meritain.

2

Armes : *D'azur à trois boucles d'or, l'ardillon en pal* [1].

Il eut : A. *Lambert,* qui suit ; B. *Jean II,* souche de la branche de Jazennes ; C. *Pierre II,* mort sans enfants (*Mémoire,* § B et F).

Il mourut jeune, dit notre mémoire (§ M). Comme dates extrêmes, nous le trouvons témoin le 18 septembre 1408, et faisant faire un vidimus le 27 février 1449 (*Mémoire,* § C et D). Ses enfants, en bas âge, furent mis sous la tutelle de leur oncle Jean, qui les mena à Pisany, où Pierre mourut (*Mémoire,* § G). La Chenaye lui donne pour enfants : 1° *Elie,* mort sans enfants ; 2° *Arnaud,* chanoine à Saint-Pierre de Saintes ; 3° *Lambert.*

II. — LAMBERT, seigneur de Gemozac, mari d'ANNE DE MONTLIEU, dont il eut : A. *Jean III,* qui suit ; B. *Arnaud* ou *Renaud,* seigneur de Loubec, Rouffiac, Montils, marié à N..., dont un fils, Pierre III (*Mémoire,* § S) ; C. *Marie,* aliàs *Marguerite,* femme de Pierre de Blois, écuyer, seigneur de Roussillon et du Seudre.

Notre *Mémoire,* § D, reproduit les lettres de tonsure qui lui furent accordées, le 18 mars 1419, par l'évêque de Saintes. Il vivait encore le 14 janvier 1475, date à laquelle on le retrouve au Bois, île de Ré (*Archives,* t. IV, p. 128). On peut voir dans le *Mémoire,* § M, le don qui lui est fait du moulin de la grande roue de Saint-Jean d'Angély.

III. — JEAN III, seigneur de Gemozac et Usson, épousa : 1° FRANÇOISE DE SAINTE-HERMINE, qui lui apporta Usson (Pièce XIII, 1485). Armes : *D'hermines plein* ; aliàs : *d'argent à six hermines de sable, 3 et 3* (*Maintenue d'Aguesseau*).

Jacques I de Rabaine ne peut être que son fils. 2° En 1499, JACQUETTE BERTRAND [2], fille de Jean Bertrand, chambellan du roi, dont il eut *Jean IV.*

_____

1. *Dictionnaire des familles du Poitou,* par Beauchet-Filleau, nouvelle édition.

2. La date de 1499 est donnée par M. Lacroix, dans ses *Recherches historiques sur les environs de Cognac,* article de *Fontenille,* qu'imprima l'*Ere nouvelle* de Cognac, nᵒˢ des 7 et 18 novembre 1880. Voir dans le *Bulletin* de la société, t. III, p. 33, un résumé.

L'auteur s'est perdu dans les notes généalogiques qu'il fournit. Il marie Jean de Rabaine, fils de Jacquette Bertrand, avec Françoise de Sainte-Hermine, qui avait été la première femme de son père, puis avec Louise de

Il n'est pas douteux que Jean III ait eu au moins deux enfants: Jacques, fils aîné, et Jean. Ce Jacques participe à l'acte du 2 septembre 1505, par lequel Jacquette Bertrand est nommée tutrice de son fils Jean. Dès lors, il est inadmissible qu'il puisse être le fils de cette dernière ; il fallait qu'il fût majeur, c'est-à-dire âgé de 25 ans, ou émancipé.

IV. — JACQUES I, écuyer, seigneur de Gemozac et Usson (Pièces XXIII, XXIV et XXV), épousa: 1° FRANÇOISE GOMBAULD, fille de Thibaud, seigneur de Brésillas [1] ; Armes : *d'azur à 4 pals d'argent* (elles sont sculptées à Usson); 2° ISABEAU DE COUCIS [2], dont il aurait eu plusieurs enfants (Pièce XXV), mais un seul nous est connu, CHARLES DE RABAINE (*Mémoire*, § T), qui est poursuivi par Pierre de Rabaine, seigneur de Loubec, en la personne de Jacques de Rabaine et maître Thibaud Blanc, son tuteur, pour continuer le partage commencé entre Arnaud, père de Pierre, et Jean de Rabaine, seigneur d'Usson, aïeul de Charles, frère d'Arnaud. Charles de Rabaine est nommé seigneur d'Usson et Gemozac. Il mourut de bonne heure, sans héritiers, car la seigneurie d'Usson est détenue, en 1530, par *Jean de Rabaine*, son oncle (Pièces XXXVII *et* XXVI). D'après une note, Jacques de Rabaine aurait été assassiné par Gui de Pons [3].

Pons, et il fait épouser Perrette de Beaumont à son fils. Il a confondu, lui aussi, les deux branches d'Usson et de Jazennes.

M. Lacroix pense que Jacquette Bertrand épousa en secondes noces Colin Corgnol, vers 1522. Notre pièce XXIV, datée du 18 juin 1521, prouve qu'elle était déjà remariée.

1. Note fournie par M. Musset. D'après la monographie d'Arces, publiée par M. Jouan dans le *Recueil de la commission des arts et monum. de la Charente-Inférieure*, t. VI, p. 132, Brésillas était possédé en même temps par les Rabaine, les Gombaud et François de Burlé.

2. « Sœur de M. de Burie, lieutenant du roi en Guyenne, depuis le Port de Pilles jusques aux monts Pirénées. » (*Mémoire*, § O).

D'après l'*Inventaire des sceaux de la collection Clairambault*, les Coucis avaient pour armoiries : un écu *à la croix cantonnée de quatre dragons ailés*.

3. Voici cette note écrite au bas de l'hommage rendu au roi, le 14 juillet 1540, par Charles de Coucis, chevalier, seigneur de Burie et de Briagne, lieutenant du roi en Guienne, sous le devoir d'un chapeau vert : « Cet hommage randu au roy par Charles de Coucy est le second randu au roy depuis la distraction de Pons, le premier ayant esté randu par Jacques de Rabaine, mari de la fille du seigneur de Brezillas, assassiné par Gui de Pons, randu le 16 mars 1519 au roy François premier » (*Archives Ribereau*).

Notons les principaux articles de cet aveu : tout le droit de la paroisse de

I. — Jean IV, seigneur d'Usson, Orville, Brésillas, aurait épousé Jacquette de Sainte-Maure.

Armes : *D'argent à la fasce de gueules (Procès verbal de l'assemblée du ban d'Angoumois,* par Th. de B. A.).

De ce mariage est né *Jean,* qui suit.

Il devait avoir d'autres fils, dont les noms ne nous sont pas parvenus, avec filiation, mais qui nous semblent être « *François et René* de Rabaine et le tiers frère, enfans d'Usson, en Xaintonge, l'ung appelé le sieur de La Touche, l'autre appelé de Bresillas», compris dans la liste des 579 protestants condamnés à mort, le 6 avril 1569, par un arrêt du parlement de Bordeaux, qui ne reçut pas d'exécution. (*Etudes et documents sur la ville de Saintes,* par M. Louis Audiat, p. 239).

M. Audiat cite dans l'*Epigraphie santone* (p. 241) Jacques de Rabaine, fils aîné de Jean et de Jacquette de Sainte-Maure, qui épousa, en 1544, Renée d'Isave.

II. — Jean V, chevalier, seigneur d'Usson, La Touche, Brillac, Brésillas, L'Hommée, chevalier de l'ordre du roi, épousa, en 1573 (*Nobiliaire de la généralité de Limoges),* Louise de

---

Gemozac, excepté la vigerie et la dîme de Virollet que je tiens du seigneur de Roussillon. Un herbergement, maison, vignes au bourg de Gemozac « entre la chagnière qui vient du cimetière vers Pons» et entre la seigneurie du seigneur de Rabaine. La maison appelée la Poissonnerie, l'hôtel qui fut à feu Jean de Mosnac, à Pons, l'helbergement, maison « où je fais ma principale résidence », plusieurs maisons près le château, entre la carrière qui « va du carrefour du château vers la voulte, les maisons situées sur le foussé du pons Pelletrou ». Une maison au bourg Saint-Martin, en la carrière Puygrignon, chaque semaine un boisseau de sel, la dixième partie du droit du minage : fiefs à Villars, Saint-Quentin. Il possède le maine aux Breunes (?) assis jouxte le chastel de Ransennes, le Villars au prevost situé en ladite paroisse ; le lieu vulgairement appelé Pot-Fondu, puis le champ Guanes, le maine aux Jars, le fief appelé le Fief de messire Paris Vigier. Il reçoit les droits au lieu appelé la Pille, au bourg de Saint-Quentin ; droits à Tanzac, grand fief de M. Pierre Vigier, à Saint-Léger ; terres confrontant à la seigneurie de Rabaine ; un pré, appelé Gatterain ; des près en la rivière du Gua, entre les prés de Guillaume de Saint-Légier et les terres du chapelain de Cerizou ; une coutume de terre, assise entre les terres de Geoffrion de Mons, valet, et la terre de Guillaume de Montlieu ; une pièce de terre située près la terre de Pierre Abraham et les terres de Geoffrion de Pons ; droits à Saint-Seurin de Clerbise, Champagnolles; un herbergement appelé la Vigerie en la paroisse de Thenac.

Pons, fille de François III, baron de Mirambeau, et de Françoise Geoffroy.

Armes : *D'argent à la fasce coticée d'or et de gueules de six pièces.*

Il eut de ce mariage : A. *Esther*, qui épousa, le 1er septembre 1605, René Lignand, chevalier, seigneur de L'Age-Bernard, Lussac, Les Eglises (Beauchet-Filleau, article *Lignand*) [1]. B. Jeanne [2], mariée, vers 1620, à André d'Alloue, écuyer, seigneur de Chatellus et d'Essé (Beauchet-Filleau, *Dictionnaire des familles du Poitou*).

c. Jacques III, qui suit ; D. Paul, qui suit.

III. — Jacques III [3] de Rabaine, baptisé le 16 avril 1577, au temple de Pons, eut pour parrain Jacques de Pons, et pour marraine Jeanne de Sainte-Maure [4]. Le 20 mars 1595, comme fils aîné de Jean de Rabaine, il rend hommage de Brésillas au roi, au nom de Louise de Pons, douairière d'Usson, sa mère. (Pièce xxv). Le 19 octobre 1605, son frère Paul fait l'aveu des biens à lui échus par suite du décès de Jehan, son père, et de Jacques, son frère.

C'est à Jacques III de Rabaine que le pasteur Yves Rouspeau dédia un recueil de poésies [5].

I. — Paul I de Rabaine, chevalier de l'ordre du roi, gentilhomme ordinaire de sa chambre, seigneur d'Usson et Brillac,

---

1. 1638, *7 septembre*. Arrêt entre Daniel de Beaumont, écuyer, sieur du Pont-d'Ussau... demandeur en exécution d'arrêt, d'une part, Jean Maron... etc., Paul de Rabaine, écuyer, sieur d'Usson, Maximilien Rigaud, sieur de L'Age-Bernard, fils héritiers de feue Louise de Pons, leur mère et aïeule. (*Histoire* manuscrite *de la maison de Beaumont. Preuves*, folio 90, verso, à la bibliothèque de Saintes).

2. 1575, *18 septembre*. Baptême de Jehanne de Rabaine, fille de Jehan et de Loyse de Pons. Parrain, Jehan de Pons, marraine, Anne Guynaudeau. (*Registre protestant de Pons*, communication de M. le baron de La Morinerie).— 1577, *15 septembre*. Jehan de Rabaine, parrain de Samuel de Saint-Marsaud, fils de François, écuyer, seigneur du dit lieu et de La Garde, et de Marie Chesnel. (*Idem*). — 1587, *20 juillet*. Autre Jean de Rabaine, seigneur d'Usson, parrain de Jehan de Pons, fils de Jean, seigneur de Plassac. (*Idem*).

3. Jacques II est dans la branche de Jazennes.

4. Note fournie par M. de La Morinerie. Ne serait-ce pas notre introuvable Jacquette ?

5. *Biographie saintongeaise*, par P.-D. Rainguet, p. 516.

où il demeurait en 1631, alors âgé de 60 ans, et où il mourut le 7 septembre 1653 (*Nobiliaire de la généralité de Limoges*), épousa DIANE D'ESTUER DE CAUSSADE, fille de Louis et de Diane des Cars.

Armes : *D'argent au sautoir de gueules* [1].

De ce mariage naquirent : A. *Jeanne*, mariée, le 27 décembre 1633, à Charles de Saint-Nectaire, gentilhomme de la chambre du roi, comte de Grolière, sieur de Saint-Victour et Brillac, où il mourut le 24 février 1664, dont deux fils et une fille. (Id., P. Anselme, IV, p. 896) ; B. *Anne*, mariée, le 30 juin 1650, à Jacques d'Abzac (Courcelles, IX, art. *d'Abzac*).

Louise de Rabaine, bâtarde, épousa François Jourdaneau, greffier de Brillac, où il mourut le 17 mars 1660 (*Nobiliaire de Limoges*).

La Chenaye marie, en outre, Paul de Rabaine avec Louise de Beaumont, ce qui est certainement une erreur et une confusion de nom, puis avec Jeanne de Ransanne que nous ne connaissons pas par documents.

BRANCHE DE JAZENNES, TANZAC, PEREFONS

I. — JEAN II de Rabaine (fils de Guillon), seigneur de Jazennes, épousa ELIETTE, *aliàs* LIETTE [2] FOURESTIER ou FORESTIER (*Mémoire*, § H): A. *Yvon* [3] ; B. *Marie* ou *Marguerite*, mariée à François de Beaumont, seigneur de Chatenet [4], dont un fils et

---

1. Palustre : *La Renaissance en France*, t. III.

Clairambault blasonne ainsi le sceau de François d'Estuer, dit Caussade, seigneur de Saint-Maigrin, enseigne de 40 lances sous monseigneur de Jarnac : Ecu *écartelé ; aux 1 et 4, trois merlettes ; aux 2 et 3, trois poires ; sur le tout un écusson chargé d'un arbre ? timbré d'un fleuron* (quittance du 22 février 1559). *Inventaire des sceaux de la collection Clairambault*, t. I.

2. Voir dans le *Mémoire*, § B, une note généalogique sur cette famille. Le dossier bleu 14.511 au cabinet des titres de la bibliothèque nationale confirme la généalogie telle que nous la donnons.

3. 1492, *10 novembre*. — Noble homme Yvon de Rabaine, écuyer, fils de noble homme Jean de Rabaine, seigneur de Jazennes, vend, pour son père, à Jean Chaudier, laboureur, quatre journaux de terre assis paroisse de Tanzac. Moreau, notaire, sous le scel de Pons, pour monseigneur du dit lieu. (*Archives de Lussac*). *Communication de M. de La Morinerie*.

4. *Histoire* manuscrite *de la maison de Beaumont. Preuves*, fol. 162, à la bibliothèque de Saintes. Les deux enfants partagèrent le 17 mars 1521.

une fille, *Jean* et *Louise* ; c. *Chardon*, seigneur de Mazottes en Pons, Saint-Quentin et La Touche *(Mémoire*, § H), mari de FRANÇOISE DE PUYGUERAUD [1]. Il n'eut qu'une fille : *Madeleine* (Pièce XIX).

D'après le *Nobiliaire de la généralité de Limoges*, Yvon (appelé à tort *Jean*) et Chardon partagent les successions paternelle et maternelle le 26 janvier 1497, date confirmée par notre *Mémoire*, § B.

II. — YVON de Rabaine, seigneur de Jazennes, marié à MARIE DE SANSAC [2] *(pièce XXII)*, dont : A. *Jacques II*, qui suit ; B. *Marie*, femme de Jean de Guinanson, écuyer, seigneur de La Brousse et Villexavier, près Ozillac (*Mémoire*, § N) ; c. *Françoise*, mariée à René de Saint-Mauris (*Pièce XXVII*, *Mémoire*, § N).

Yvon laissa en outre un bâtard, *Thomas*, seigneur de Mazerolles, dont la descendance est rapportée plus loin, d'après le *Nobiliaire de la généralité de Limoges*. (Cf. *Mémoire*, § N).

Marie de Sansac mourut en 1519 et son mari le 7 janvier 1520. Tous deux avaient fait leur testament mutuel le 4 juillet 1519 (*Mémoire*, § N).

III. — JACQUES II de Rabaine, seigneur de Jazennes, Cravans, Saint-Seurin-de-Clerbise, Lussan-sur-Charente, Le Pin, en la châtellenie de Tonnay-Charente, gouverneur de Royan (*Mémoire*, §§ P, Q, U, V), se maria trois fois, avec :

---

1. Elle se remaria avec Jean Chesnel, écuyer, seigneur de Meux.

Le 12 août 1500, Chardon de Rabaine transige avec Mery Fourestier, sur les droits revenant de Liette Forestier.

2. D'après La Chenaye, elle aurait été fille de Jean, comte de Sansac, et de Marie du Repaire. Une note manuscrite parmi les papiers Ribereau dit, au contraire, qu'elle était fille d'Antoine de Sansac, écuyer, et de Perrette Mesnard, damoiselle, de très bonne maison, riche et puissante, qui mourut laissant deux filles, toutes deux prénommées Marie. Antoine de Sansac se serait remarié avec Jeanne Felisse, demeurant à Pons, qui n'était des plus fortunées du monde. Marie de Sansac, l'aînée, épousa, à 16 ans, Yvon de Rabaine. Elle avait grand'peur de son père, de Jeanne Fetisse et de Çolas Dizave, son fils « cault et subtil ». Marie de Sansac, jeune, devint la femme de ce dernier. Antoine de Sansac appartenait à une famille du Poitou. Il y a, dans les mêmes archives Ribereau, un compulsoir accordé par Oddet, licencié ès lois, juge de la cour ordinaire de Pons, à Yvon de Rabaine, pour avoir le testament d'Antoine de Sansac, père de Marie. 8 novembre 1505.

1° CATHERINE DE LA BARTHE [1], suivant contrat du 19 juillet 1524. fille de Jean et d'Isabeau du Gua (*Mémoire*, § R), dont un fils, mort jeune (*Mémoire*, § Q).

2° CATHERINE DE BREMOND D'ARS, en 1528, fille de Charles et de Marguerite Foreau de Tesson [2] (*Mémoire*, §§ Q et R).

Armes : *D'azur à l'aigle éployé d'or.*

3° PERRETTE DE BEAUMONT, le 25 avril 1535 [3], fille de Guillaume et de Françoise Arnaud (*Mémoire*, § R), dont quatre enfants : A. *Charles*, mort sans enfants (*Mémoire*, § 8) ; B. *René II*, qui suit ; C. *Antoinette*, femme de Henri Gombaud [4], seigneur de Loron (7 octobre 1564), fils de Philbert, seigneur

---

1. 1524, *19 juillet*. — Contrat passé devant le garde du scel établi aux contrats en la cour de monseigneur l'auditeur, de messieurs les évêques, doyen et chapitre de Saintes, entre Jacques de Rabaine, écuyer, seigneur de Jazennes, fils de feu Yvon de Rabaine et de Marie de Sansac, avec Catherine de La Barte, fille de noble Jean de Labarte, écuyer, sieur de Rochemont et de Saint-Seurin de Clerbise, et d'Isabeau du Gua. (*Copie sur papier, incomplète (filigrane : écu fleurdelisé*). (*Archives Ribereau*).

Une branche de la maison de La Barthe, dit le *Nobiliaire de Guienne*, t. I, page 260, qui ne se trouve mentionnée par aucun généalogiste, subsistait en Saintonge sous le nom de Rochaine dans le XVIe siècle : noble Bertrand de La Barthe de Rochaine, près la ville de Pons, en Saintonge, et maître d'hôtel du sire de Pons, marié à Julienne Durand, dont il eut *Jean* et Antoinette.

Rochaine est un mot mal lu pour Rochaive, Rochave. (Cf. *pièce* XXVII, 1533, 16 décembre).

2. *Maison de Bremond d'Ars*, par Léon de Beaumont, p. 46. Le futur y est à tort nommé *Jean*.

3. 1535, *25 avril*. — Contrat de mariage de Jacques de Rabaine, écuyer, seigneur de Jazennes, et de Perrette de Beaumont, fille de Guillaume, seigneur de Cravans, et de Françoise Arnaud. Fait et passé à Cravans, en présence de Nicolas de Beaumont, abbé de Madion, chanoine de Saint-Pierre de Saintes, seigneur de Beaumont, noble Louis Arnaud, seigneur de Gibran, Jean de Beaumont, seigneur de Chatenet, Thomas de Rabaine, écuyer, seigneur de Mazerolles, Jean de Brutail, écuyer, seigneur de Mageloup, maître Odet Mathieu, licencié en droits, juge de Pons, François Guesselin, prêtre. M. Dasnières, notaire (*Archives Ribereau*). — Cet abbé de Masdion est inconnu au *Gallia*.

Copie vidimée le 19 août 1667, par Perruchon et Guichard, notaires royaux, aux *Archives Ribereau*.

4. 1564, *7 octobre*. — Contrat de mariage d'Henry Gombaud, écuyer,

de Champfleury, et de Louise de La Personne [1]; D. *Françoise*, femme de Charles Guinot, seigneur de Beaupreau en Rioux.

Jacques de Rabaine et Perrette de Beaumont vivaient encore en 1552 [2]. (Beauchet-Filleau, v° Beaumont).

Armes : *D'argent au lion de gueules, armé et lampassé et couronné d'or.*

IV. — RENÉ II, seigneur de Jazennes, Cravans, Tanzac, Briagne, Gemozac en partie (*Mémoire*, § S), épousa MARIE GOMBAUD (Armes : *D'argent à trois pals de gueules* (Courcelles), dont :

---

seigneur de Loron, paroisse de Montpellier, avec Antoinette de Rabaine, fille de feu Jacques de Rabaine et de Perrette de Beaumont. Elle est sœur de René de Rabaine. Passé à Jazennes en présence de François Gombaud, écuyer, seigneur de Tanzac, demeurant à Gemozac, Pierre de Ballode, écuyer, seigneur d'Ardennes, François Gombaud, seigneur de Champfleury et Lasnepontière, Pierre Joyeux, laboureur, Jean Bouyer, notaire, habitant Jazennes.

Au dos de ce contrat de mariage, trois notes que je transcris ici, bien qu'elles n'aient aucun rapport avec les Rabaine, mais pour qu'elles ne soient pas perdues : J'ai envoyé ce meme jour à M. de Thezac, un retrait conventionnel René Girard, estant en forme et en parchemin, en datte du 27 d'aoust et 19 novembre 1532, faict entre Marguerite Gombaud, dame du Bois et Dardennes, et François Gombaud, seigneur de Tanzac, son nepveu et le porteur de procuration, et Arnaut Queu, lieutenant général de Xaintes, pour les rantes et agrières, vandues à Tanzac, à André Moreau, curé des Moutiers, provenantes de la succession de Jacques Gombaud, seigneur de Tanzac, frère de la dite Marguerite et oncle du dit François Gombaud.

Ensemble une coppie de transaction, du 7 février 1548, entre Philbert Gombaud, Louise de La Personne, sa femme, François Gombaud, leur fils, seigneur et dame de Champfleury, et François Gombaud, seigneur de Tanzac, et Marguerite Gombaud, dame du Gaignon et de Blaignan, tous trois frères et sœur, enfants de Guillaume Gombaud et Marguerite Prévost, seigneur et dame de Champfleury et de Tanzac.

J'ai donné par une lettre missive, ce jour, Saint Barthelemy, apostre, 24 de ce mois d'aoust, une cognoissance du présent vidimus, à Jacques de Galles, écuyer, seigneur de Thezac, Loron et Tins, laquelle promesse et cognoissance il a retiré de moi, et pour ce que c'est vrai, j'en ai faict ce mémoire le meme jour de Saint Barthélemy, 24 d'aoust, meme année 1667. JEAN DE RABAINE, chevalier, seigneur de Briagne et Perfons.

1. *Le chevalier de Méré.* Niort, 1869, p. 25.

2. *1549, 13 novembre.* — Lettres de sauvegarde pour Jacques de Rabaine, écuyer, seigneur de Jazennes.

A.*Françoise*, mariée à François, *aliàs* Etienne, de Saint-Laurent [1];

B. René III, seigneur de Jazennes, Cravans, marié à JEANNE DE LALANDE, dont un fils, JEAN, seigneur de Taste, Cravans, Briagne, marié, en 1623, à FRANÇOISE DASTE [2], qui eut une fille, *Madeleine*, mariée, le 16 juin 1666, à Jean-Baptiste de Trevey, chevalier, seigneur et baron de Charmail, colonel

---

1. 1622, *6 novembre*. — François de Saint-Laurent, écuyer, sieur de Feuillade, paroisse de Saint-Laurent-sur-Gore, mari de Françoise de Rabaine, vend à noble Michel Blanc, écuyer, sieur de Lisle, demeurant à Pons, huit journaux de terre, paroisse de Jazennes, le tout ainsi qu'il le tient par échange de Paul de Rabaine, sieur de Tanzac et Jazennes, par contrat du 5 mars 1621. (*Archives Ribereau*).

2. 1622, *1er décembre*. — Contrat de mariage de Jean de Rabaine, dit Lalande, fils de René, sieur de Jazennes, et de Jeanne de La Lande, avec Françoise Daste, fille de feu Pierre Daste, sieur des Roys et du Taillan, conseiller du roi en son grand conseil, et de Marie Dalesme. Consentent : pour lui, Sevrine ou Seurine de Gaxiis, son aïeule maternelle, noble Joseph Poitiers, écuyer, sieur de Tugeras, Jean de Lalande, écuyer, sieur de Bardes et de Boudais, Pierre de Fortaige, écuyer, sieur de Boyentran, Grimond de Lestonnac, écuyer, Jean de Saint-Martin, écuyer, avocat ; pour elle : sa mère, Guillaume Demons, conseiller du roi au parlement de Bordeaux, président de la première chambre des enquêtes, Pierre-Charles de Lavergne, conseiller au conseil d'état et au parlement de Bordeaux, Guillaume Dalesme, seigneur baron de Saint-Pierre d'Oleron, conseiller au parlement de Bordeaux, garde des sceaux en la chancellerie du dit parlement, Antoine de Lasserre, seigneur d'Olivier et de Liscalle, conseiller au parlement de Bordeaux, Jacques Dalesmes, sieur de Labouret et de Parampoire, conseiller au parlement de Bordeaux, Roc Dalesme, seigneur d'Ambès, conseiller de la dite cour, François-Théodore de Nesmond, seigneur de Saint-Dizan, conseiller au dit parlement, Fronton Dalesme, seigneur baron de Blanqueville, Jean-Jacques Dalesme, écuyer, sieur de Saint-Clément, Gabriel Dalesme, seigneur baron d'Aret (?).

La fiancée reçoit 15,000 livres ; le futur, les seigneuries de Cravans, Gayac, Artrac et Cossac. Sa mère lui donne la maison noble de Taste, en Médoc. Pierre de Recaudou, notaire. (*Archives Ribereau*).

Le 21 janvier 1623, les futurs n'étaient pas encore mariés. Joseph Poitiers, seigneur de Tugeras, en Saintonge, et Cazaux en Blayois, était mari de Madeleine de Lalande, sœur de Jeanne (contrat du 30 mars 1622, même notaire). Françoise de Lalande, autre sœur, épousa : 1º Jean de Reyssac, sieur de Trémons, mort sans enfants ; 2º Hérard de Hautpoul, baron de Preignan, en Armagnac (contrat du 7 juin 1622, reçu Faure). Sevrine de Gaxiis épousa Jean de Lalande, par contrat du 16 novembre 1575, reçu Belloc, notaire Jean de Lalande fit donation de Gayan ou Gayac à sa fille aînée, le dernier de février 1618. (*Notes extraites du contrat de mariage ci dessus*).

d'un des régiments d'infanterie de sa majesté. (Courcelles, III, *art. Trevey*) ; c. *Paul* II [1], qui suit ; D. *Marie*, mariée à Jean de Ransannes, sieur du Fourneau ; E. *Antoine* [2], écuyer, sieur des Touches et Tanzac (1630). Ils partagent la succession des père et mère le 31 août 1602 (Bibliothèque nat., cabinet des titres. *Dossier bleu*, 14,511).

V. — PAUL II de Rabaine, seigneur de Jazennes, en partie, Tanzac, à cause de Briagne, Cravans. Se maria trois fois :

1° Le 23 janvier 1610 [3], avec FRANÇOISE DE SAINT-LAURENT, fille

---

1. 1598, *3 juin*. — Mention au dos d'un acte illisible (encre blanchie). Quittance pour René de Rabaine, mari de Jane de Lalande, frère aisné de Paul de Rabaine, seigneur de Tanzac et Briagne, conseigneur de Jazennes, tous deux enfans de autre René de Rabaine et de Marie Gombaud, seigneur et dame de Jazennes, Cravans, Tanzac, Briagne, Gemozac en partie (*Archives Ribereau*).

1644, *28 avril*. — Paul de Rabaine n'a toutes les pièces qui lui sont nécessaires pour justifier ses droits, « attendu qu'il ne représente que le puisné de la maison de Gombaud, d'où dessant le droict qu'il a sur la dicte seigneurie de Tanzac en Briaigne (*sic*), et que tous les dénombrements, vérifications et aultres tiltres de la dicte seigneurie sont ès mains du sieur de Sainct-Martin, de Boube et aultres, qui représante les esnés de la maison de Gombaud. » Il a eu la seigneurie de Tanzac en Briaigne en partage, faizant avecq Regné, Anthoine et Marie de Rabayne, ses cohéritiers, tous enfans de feue Marie Gombaud (*id.*).

2. 1619, *14 septembre*. — Copie de l'acte de partage de la succession de René de Rabaine, écuyer, sieur de Jazennes, entre François de Saint-Laurent, sieur de La Feuillade, mari de Françoise de Rabaine, René de Rabaine, Paul, Anthoine de Rabaine et Marie de Rabaine, veuve de Jean de Ransannes, sieur du Fourneau (paroisse de Tugéras), enfants du dit René. FONTENEAU, notaire. (*Archives Ribereau*).

Il existe aussi un acte qui dit les mêmes choses, reçu Cellier, notaire royal, daté du 8 septembre 1619.

3. C'est la date du contrat de mariage, mais Paul de Rabaine dit le 29, dans une *note manuscrite* ; ce doit être la date du mariage religieux (*pièce* XXXVI).

1610, *23 janvier*. — Contrat de mariage de Paul de Rabaine, écuyer, sieur de Jazennes, fils de feu René de Rabaine, seigneur de Jazennes, et de [Marie] Gombaud, dame de Cravans, Tanzac, Caillères, douairière de Jazennes, demeurant à Caillères, paroisse et comté de La Rochefoucaud, en Angoumois, avec Françoise de Saint-Laurent, fille de François de Saint-Laurent, seigneur de La Feuillade, et de Gabrielle de Teil, demeurant à La Feuillade, paroisse de Saint-Laurent en Poitou. Donnent leur consentement : Etienne de Saint-Laurent ; X. de Teilh, écuyer, seigneur de Bouliers ; Frande François de Saint-Laurent, seigneur de La Feuillade, et de Gabrielle du Teil.

Armes : *D'azur à 3 mains d'or.* (*La noblesse d'Angoumois en 1789*).

Elle mourut le 23 octobre 1615, laissant deux enfants : A. *François*, né en 1610, mort le 11 décembre 1619 ; B. *Suzanne*, aliàs *Anne*, née le 16 mars 1612 (*pièce* xxxvi), baptisée le 28 novembre, ayant pour parrain René de Rabaine, son oncle, et pour marraine Suzanne Gombaud. Elle épousa François du Souchet, sieur de La Biguerie et de Salegourde, dont nombreuse postérité.

2° « Après sept ans et cinq mois de veuvage », Paul de Rabaine épousa (25 mars 1623) [1] (*pièce* xxxvi), LOUISE DE BEAUMONT, dame de Grissac.

Armes: *Au lion de gueules, lampassé, armé et couronné d'or.*

Ils eurent: A. *Jean X*, qui suit, né en 1629 ; B. *Marie*, mariée en 1656 à Timothée de Cumon, écuyer, sieur du Tailhan, en Mortagne (*Archives de la Saintonge*, t. vi, p. 181 et 194).

3° Il se remaria, le 2 mars 1631, avec ELISABETH [2] DE SAINT-MA-

---

çois, Claude, Etienne, Jacques de Saint-Laurent, écuyers, sieurs de Feuillade et La Salle, frères de la dite Saint-Laurent ; Françoise de Rabaine, dame de Feuillade, femme d'Etienne de Saint-Laurent. (*Archives Ribereau*).

1. Une copie du contrat de mariage, datée du 25 mars 1623, existe aux *Archives Ribereau*. Elle est illisible. Louise de Beaumont était fille de Paul et de Jeanne de L'Estang.

Paul était le second fils d'Elie de Beaumont, Elie, fils de Jean, et Jean, fils de François et de Marguerite de Rabaine, seigneur et dame de Chatenet.

Louise de Beaumont avait épousé en premières noces Joseph de La Touche, écuyer, seigneur de Morneau. (*Histoire manuscrite de la maison de Beaumont. Preuves, fol. 162,* bibliothèque de Saintes et *Dictionnaire des familles du Poitou*).

2. 1631, 2 mars. — « Aujourd'huy, second de mars 1631, pardevant moy, notaire et tesmoins soubscripts, a esté présente damoiselle Elizabeth de Sainct Mathieu, vefve de Simon de Montgaillard, escuyer, vivant sieur de La Parée, laquelle a dict et exposé que ce jourd'huy, elle auroit contracté mariage avecq Paul de Rabaine, escuyer, seigneur de Cravans, par lequel contrat de mariage il auroit esté accordé et arresté qu'ilz feroient invantaire de leurs meubles, or et argent... » Elle veut faire inventaire en présence de Sidrac de Saint-Mathieu, écuyer, sieur des Touches de Vilars, son neveu, Geoffroy de Montgaillard, écuyer, sieur de Bernessac, Mazerolle et Saint-Quentin. (*Archives Ribereau*). Elle avait épousé son premier mari le 26 mai 1589. Elle était sœur de Paul de Saint-Mathieu, écuyer, seigneur de Souli-

THIEU, veuve de Simon de Montgaillard, morte le 7 janvier 1642 [1].

Armes : *D'azur au croissant de gueules accompagné de six coquilles de pèlerin, de même posées en fasce, 3 en chef, 3 en pointe. (La noblesse d'Angoumois en 1789).*

Paul de Rabaine est mort à Tanzac le 28 octobre 1661 [2].

VI. — JEAN X de Rabaine, écuyer, seigneur de Briagne (signe ordinairement Briagne de Rabaine), de Perefons, né à Tanzac fin 1629, vient s'établir à Perefons. Il épouse, par contrat du 21 novembre 1650, RENÉE DE VILLEDON, dame du dit Perefons, fille de   et de Renée de Barbezières. Armes : *D'argent, fascé de gueules en ondes à 7 piles. (Maintenue d'Aguesseau).* Il en eut : A. *Paul III*, qui suit; B. *Jacques IV*, né le 3 octobre 1658 [3], vivant en 1677; C. *Madeleine*, demoiselle, vivant en 1687.

---

gnac, qui eut pour enfants : Sidrac de Saint-Mathieu, seigneur des Touches, René de Saint-Mathieu, seigneur de Soulignac, Madeleine, femme de Louis de Vallée, seigneur de Monsanson, qui furent héritiers de leur tante.

1. 1638, 7 *février.* — Elisabeth de Saint-Mathieu, femme de Paul de Rabaine, donne à Jean de Rabaine, écuyer, fils du dit Paul, ses meubles et immeubles, sous réserve de l'usufruit. (*Archives Ribereau*).

2. 1645, *3 août.* — Paul de Rabaine, écuyer, sieur de Tanzac, à cause de son fief de Briagne, demeurant à Tanzac, « auroit produit les titres justificatifs de ses droits tant contre le seigneur de Pons, demandeur originaire, que contre M. Pierre Besson, curé de Tanzac, qui ce prétend aussi seigneur des dits lieux contestés, et encore contre Jean de Rabaine de La Lande, écuyer, sieur de Cravans, et messire Louis Bouchard d'Aubeterre, écuyer, sieur de Saint-Martin de la Couldre, qu'il a aussi fait appeler en la dite instance, comme estans tenus, sçavoir le seigneur de Cravans de luy garantir la dite seigneurie de Tanzac, comme ayant esté partagée avec feu René de Rabayne, son père, le dit de Saint-Martin pour luy fournir des tiltres et dénombrements justificatifs, comme représentant l'aisné de leur maison, qui rend les hommages pour tous à sa majesté. » (*Archives Ribereau*).

3. Il eut pour parrain Jacques de Villedon, seigneur de Malberchie et Ronsenac, et pour marraine Marie Paute. Il fut baptisé à l'église de Perefond. Signent l'acte : M. Paute, M. de Hannecault, Julienne Maria, M. de Cholet, M. de Cursay, Anne du Norie, M. de La Touche, Jacques de La Touche, André de Toyon, J. de Villedon, parrain, Gédéon de Toyon, Jean de Saint-Marin, Claude de Toyon, Labarde, Boismorant. (*Archives Ribereau*). Paul de Rabaine est né le 18 juin 1656 ; il fut présenté au baptême par Paul de Rabaine, écuyer, sieur de Tanzac, son grand-père, et Marguerite de Cholet, parrain et marraine. Signent : M. de Cholet, J. de La Touche,

Devenu veuf, Jean de Rabaine embrassa l'état ecclésiastique; il fut successivement curé de Saint-Vallée, 1682 à 1685, et curé d'Oriolles et ses annexes, Boisbreteau et Perefons, de 1688 à sa mort. Il mourut à 91 ans, fut inhumé dans l'église de Perefons, qu'il avait fait restaurer, et qui n'existe plus depuis longtemps.

VII. — PAUL III de Rabaine, chevalier, seigneur de Tanzac [1], Perefons, La Roche Genouillac et Saint-Mathieu, en partie, né le 18 juin 1656, demeurant à Perefons, mort à la fin de 1722, épousa, le 21 juin 1677 : 1° ANTOINETTE PERRY [2], dame de La Sablière et de La Roche, veuve de David-François d'Authon, écuyer, seigneur de La Sablière, fille de feu Isaac Perry, écuyer, sieur de La Roche-Genouillac, et de Renée de Verdelin, demeurant à Saint-Léger, en Angoumois, châtellenie de Blanzac, dont: A. *Jean, Paul IV*, seigneur de La Roche-Genouillac, qui suit; B. *Charles III*, marié à Françoise Vigier, qui suit; C. *Marie*, mariée à François Pasquet, sieur de Lage (en 1721, dit le *Nobiliaire de Limoges*) ; D. et E. *Jeanne* et *Madeleine*, religieuses à Fontaine depuis le 7 octobre 1701.

2° Par contrat du 19 décembre 1715 (célébration à Brossac du 3 février 1716), CATHERINE ANCELIN, veuve de François Vigier, qui mourut le 22 mars 1732.

VIII. — JEAN, PAUL IV de Rabaine, chevalier, seigneur de La Roche-Genouillac, en Limousin, y demeurant, né vers 1690, mort à Perefons, 21 avril 1740, épousa, par contrat du 18 avril 1708, MARIE-MADELEINE-ELISABETH DE PLANCHE, fille de Jean Hugon de Planche, avocat au parlement, ancien jurat de Bordeaux, et de Marguerite Bonnaudin, celle-ci héritière du fief du Bois

---

Fournous, Henry Duclou, M. de Hannecault, F. de Fournous, Desmier, M. de La Touche, François Dubuisson, Jane Sarado, Magdelaine de Villedon, Jean de Rabaine, de La Rochebeaucourt, curé de Clion.

Le dossier bleu 14.511 au cabinet des titres, à la bibliothèque nationale, donne la date du 18 juin 1658 pour le baptême de Paul de Rabaine, et celle du 1er février (1661) pour celui de Jacques.

1. Tanzac fut vendu à Jean Constantin, conseiller au parlement de Bordeaux, en 1723.

2. 1677, *21 juin*. — Contrat de mariage entre Paul de Rabaine, chevalier, seigneur de Perefond, etc., et d'Antoinette Perry, dame de La Sablière, etc. Le futur reçoit la métairie de Tanzac. Passé au logis noble du Fresne, paroisse de Juillac-le-Coq (*Archives Ribereau*).

des Rois en Léoville, dont : A. *François I*, seigneur de La Roche-Genouillac, marié par contrat du 27 septembre 1740 à *Marie de Barbarin de Cremeau*, fille de François, chevalier, seigneur de La Bourderie, et de Françoise Dassier, dont il eut *François-Gaston* de Rabaine, seigneur de Gavallet, mort vers 1785, ayant été marié à *N.* de Mazureau, dont postérité ; B. *Jean XI*, prêtre, curé d'Yviers, puis demeurant, en 1772, au couvent de Saint-François de Sales, à Issy, près de Paris ; C. *Françoise-Dorothée*, dame du Bois des Rois en Léoville, y demeurant, mariée à Jean de Crouzeau, écuyer, sieur du Chassin et de La Grange ; D. *Jeanne*, mariée à François Faure, sieur de La Curatrie, qui épousa en secondes noces, en 1750, Magdeleine de Rabaine ; E. *Catherine*, mariée au sieur de La Perelle en 1723 [1].

IX. — CHARLES III de Rabaine, seigneur de Tanzac, Perefons, La Cour, dit ordinairement seigneur de Tanzac, épousa, suivant contrat du 16 octobre 1708 [2] (mariage célébré à Brossac, 1ᵉʳ décembre 1708), FRANÇOISE VIGIER, fille de François Vigier, cheva-

---

1. Le 13 août 1722, Paul de Rabaine, chevalier, seigneur de La Roche-Genouillac, habitant au château de Genouillac, en Limouzin, logé près l'église Saint-André, à Bordeaux, agissant tant pour lui que pour Marie de Rabaine, sa sœur, habitant la paroisse de La Plaud; Charles de Rabaine, chevalier, seigneur de Tanzac, son frère, habitant le château de Durfort, en Saintonge, paroisse de Brossac, logé rue des Caperans, cèdent, avec garantie de troubles provenant des héritiers de feu Henri de Gombaud, et du seigneur de Perfond, père, à Jean de Constantin, conseiller en la grand'chambre du parlement de Bordeaux, seigneur de Romefort, la métairie de La Calcauderie et fief de Saint-Mathieu, en Villars de Saintonge, que les vendeurs possèdent par donation faite à Paul de Rabaine, chevalier, seigneur de Perfond, Tanzac et La Roche de Genouillac, leur père, par Henry Gombaud, écuyer, par acte du 5 mai 1695. (*Archives Ribereau*).

La succession d'Antoinette Perry fut réglée entre ses enfants par transaction le 5 juillet 1714. Le 30 septembre 1716, Marie de Rabaine habite la paroisse de La Plaud, chez M. et Mᵐᵉ Dugenets, sa tante maternelle. Elle donne procuration à Jean-Paul, son frère aîné, « faite et passée au village des Rois, susdite paroisse neutre de Léoville et Fontaine ». (*Idem*).

2. *1708, 16 octobre.* — Contrat de mariage de Charles de Rabaine, fils de Paul, chevalier, seigneur de Perefond, Tanzac, La Roche de Genouillac et de Saint-Mathieu, demeurant à Perefont, et d'Antoinette Perry, avec Françoise Vigier, fille de François Vigier, chevalier, seigneur de La Cour-Durfort et de La Villadrie, et de Catherine Ancellin, demeurant à Durfort, paroisse de Brossac. Passé au château de Durfort, au bourg de Brossac. DELAFAYE, notaire royal. (*Archives Ribereau*).

lier, seigneur de La Cour, Durfort et La Vidalerie, et de Catherine Ancelin de Gardépée, morte à Brossac le 3 janvier 1745. Il
en eut le logis et fief de La Cour, en la paroisse de Brossac, où
il vint demeurer. Il mourut à Perefons le 2 juin 1754.

Ils eurent pour enfants : A. *Marie-Catherine*, baptisée, 10 novembre 1709, à Brossac, qui est probablement Marie, *aliàs* Catherine, demeurant à Boismaine en Perfont, qui a une bâtarde
en 1757, et qui meurt à 64 ans, 2 avril 1774, inhumée en l'église
de Boisbreteau ; B. *Charles IV*, continuateur de la famille ;
c. *Catherine*, baptisée 25 mars 1712 à Brossac ; D. *Marie*, née
vers 1714 à..., morte à 22 ans, 26 septembre 1736, inhumée à
Brossac ; E. *Catherine*, née vers 1717, morte à Perfonds 20 novembre 1801 ; elle épouse à l'église de Boisbreteau, le 19 septembre 1746, Alexis de Bercier, écuyer, sieur de Lâge, mort le 23
avril 1763. De ce mariage vinrent plusieurs enfants, dont Marie-
Catherine, qui épouse en 1778 Gilles de Legret, gentilhomme
verrier ; F. *Magdeleine*, née vers 1718, morte à Perfonds le 2 novembre 1803 ; elle épouse en l'église de Boisbreteau, le 30 octobre
1750, François Faure, écuyer, sieur de La Curatrie, veuf de
Jeanne de Rabaine de La Roche ; G. *Marie-Rose*, née vers 1722,
morte à 79 ans à La Renaudrie en Boisbreteau, le 4 novembre
1801 ; elle épouse en l'église de Boisbreteau, le 30 juin 1745,
François Faure, écuyer, sieur de Cornezac, né en 1718, mort en
1789. fils, comme le précédent, de Jean Faure, sieur de La Curatrie en Rioux-Martin, et de Julie Le Roy. Il en vint : *Jeanne*, 1746;
Charles, 1747 ; *Marie-Magdeleine*, 1749 ; *Catherine*, 1750 ;
François, 1751.

X. — CHARLES IV de Rabaine, écuyer, seigneur de La Cour,
y demeurant, né en janvier 1711, mort le 4 janvier 1782, inhumé
en l'église de Brossac, épousa, suivant contrat du 5 janvier 1758,
et le 6 janvier à l'église de Brossac, MARIE DELAFAYE, fille de
Pierre Delafaye, bourgeois, et de Madeleine Fayou, demeurant
au lieu des Brauds, paroisse de Brossac, dont : A. *Pierre IV*,
né le 31 décembre 1758, mort quatre jours après ; B. *Pierre V*,
né vers 1760, mort le 15 novembre 1781 : c. *Jacques V,* né le 29
mars 1765, mort le 1er novembre 1775 ; D. *Pierre VI*, qui suit.

XI. — PIERRE VI de Rabaine, seigneur de La Cour, né le 26
mai 1767, sous-lieutenant au régiment d'infanterie-Saintonge
(nomination du 20 avril 1786), épousa, à Passirac, le 9 avril
1791, JEANNE JOUBERT, fille de Jean, notaire aux Chatelars, et
de Marguerite Banchereau, dont : A. *Charles V*, né en 1796 ;

B. *Simon-Pierre-Charles*, qui suit ; c. *Marguerite-Cécile*, née en 1798, mariée à Jean de Gérard de La Fûte ; D. *Denis-Alexandre*, né en 1801.

XII. — SIMON-PIERRE-CHARLES de Rabaine, né à Passirac le 15 juin 1797, y mourut le 8 mars 1860. Il épousa, par contrat du
avril 1826, Marie-Jeanne-GENEVIÈVE RIBÉREAU, née en 1805, morte le 11 février 1875, fille de François Ribéreau, notaire à Laprime (Saint-Vallier), et de Marie-Louise Gardrat. Il en eut :
A. *Ludovic*, 1827-1842 ; B. *Ernestine,* née en 1829, morte 25 février 1850, mariée (28 août 1848) à Hégésippe Birot-Breuil, de Brie-sous-Chalais, d'où une fille, Rachel, mariée en 1867 à Georges Bazin ; C. *Athanase*, 1831-1839 ; D. *Charlotte*, née en 1841, mariée en 1865 à Gustave Blanc, demeurant à Martignac en Passirac : quatre enfants ; E. *Marie*, née en 1848, qui épousa en 1867 Henri Ribéreau, avocat, maire de Passirac, détenteur actuel des titres de famille. Ont trois enfants.

BRANCHE DE MAZEROLLES

I. — THOMAS de Rabaine (*Mémoire*, § N), sieur de Mazerolles [1] et de Briagne [2], bâtard d'Yvon, épousa [3], le 6 avril 1522, ANTOINETTE DE MARSANGES.

II. — RENÉ I de Rabaine, son fils aîné, rendit hommage en qualité d'héritier de son père, le 8 novembre 1547, et épousait, le 10 mars 1563, FRANÇOISE ARNOUL, dont : A. *Jean VI ;* B. *Jean VII.*

III. — JEAN VI de Rabaine, seigneur de Mazerolles, La Touche en Saint-Quentin de Ransannes, Mazotte, Villexavier et La Brousse, épousa, le 8 septembre 1588, RENÉE DE GUINANSON [4]

---

1. Paroisse de Saint-André de Lidon. (Voir au t. VI des *Archives de la Saintonge et de l'Aunis*, p. 254, un anoblissement de marais, daté du 4 février 1519, en faveur de ce Thomas de Rabaine).

2. Paroisse de Perefont.

3. L'abbé Joseph Nadaud, *Nobiliaire du diocèse et généralité de Limoges*, t. IV.

4. Voir l'inscription de la cloche de Saint-Quentin de Ransannes dans *l'Épigraphie santone*, p. 249 :

IHS Mᵃ IAI ETE FACT FAIRE par IEHAN DE RABAYNE ET RENEE DE GVYNANSON ESCVYERS SEIGNEVRS DE MAZEROLLES ET DE LA TOVCHE EN Sᵀ QVANTIN MAZOTTE VILLESAVIER ET LABROUSSE... POVR PAIRIN ET MAYRINE IEHAN ET FRANCOISE DE RABAYNE FILS ET FILLE AISNEZ DES SVSDICTS... 1602.

Armes : *D'azur à trois renards effarés d'argent, armés et lam-passés de gueules.*

Il eut : A. *Jean VIII*, qui suit ; B. *Françoise*, aliàs *Renée*, mariée le 15 janvier 1612 à Jean de Ferrières, écuyer, sieur de Fargues [1] ; C. *Suzanne* ; D. *Renée* ; E. *Floriane* ; F. *Jeanne* [2].

IV. — JEAN VIII de Rabaine, marié le 1er décembre 1618 à CATHERINE DE GAL, dont :

V. — PIERRE III de Rabaine, baron de Villexavier, qui épousa, le 21 avril 1660, MARIE FILLEUL.

I. — JEAN VII de Rabaine (second fils de René) épousa, le 6 octobre 1618, SUZANNE DU BREUIL, dont *Jean* qui suit, et peut-être *Marie*, morte en 1650 (*Épigraphie santone*, p. 241) ; *Marguerite*, mariée probablement à Léon Arnoul, seigneur de Lussac (Beau-chet-Filleau).

II. — JEAN IX de Rabaine, écuyer, seigneur de La Motte, paroisse de Saint-André de Lidon et Rochecouvert, *aliàs* Roche-coral, se maria le 1er septembre 1644 avec JUDITH DE LÉSIGNAC, dont deux filles, *Bénigne* et *Henriette.*

La première passe contrat de mariage, le 21 mai 1664, avec Jean de Luchet, écuyer, seigneur du dit lieu, fils de feu François de Luchet, écuyer, seigneur de La Motte, Médis et Saint-Sulpice, et de Claude Dubois, demeurant paroisse du Chai. La future, qui habite le couvent de Notre-Dame à Saintes, fut obligée d'avoir recours au parlement de Bordeaux pour obtenir l'autorisation de se marier (arrêt du 17 mai 1664), après avoir fait assembler les parents catholiques du côté paternel, et mettre à néant l'opposition de sa mère et celle de M. de Rudefontaine. En agissant ainsi, elle se conformait aux volontés de son père qui, par son testament du   1655, avait ordonné que ses deux filles fussent élevées dans la religion catholique. Bénigne, que sa mère voulait marier avec un protestant, déclare avoir fait profession de religion catholique. (*Minutes de Richard, notaire royal à Saintes*). Le mariage fut célébré le 26 mai à Sainte-Colombe. Signent l'acte, entre autres : La Mothe-Luchet, de La Ri-

---

1. *Nobiliaire du diocèse de Limoges. L'Histoire* manuscrite *de la maison de Beaumont, Preuves*, fol. 89, appelle Renée la femme de Jean de Ferrières. Est-ce la même personne ou deux femmes différentes ?

2. D'après une transaction au sujet du partage de la succession de Jean de Rabaine et de Renée de Guinanson, les deux filles Floriane et Jeanne étaient mortes en 1612. (*Communication de M. de La Morinerie*).

vière-Luchet, C. Dubreuil. *Registre paroissial de Sainte-Co-lombe de Saintes.* (*Note fournie par M. de La Morinerie*).

Henriette de Rabaine épousa Alexandre du Souchet, écuyer, seigneur des Arnauds.

NOMS ISOLÉS

1342. — Pierre de Rabaine. (Rymer : *Rôles gascons*).

1564. — 16 janvier, Anne de Rabaine, religieuse à l'abbaye de Saintes. (*Recueil de la commission des arts et monuments de la Charente-Inférieure*, t. IX, p. 292).

1631. — Catherine de Rabaine, religieuse aux filles Notre-Da-me, à Saintes.

1682. — 18 janvier, Paule de Rabaine, marraine. (*Études et documents sur la ville de Saintes*, p. 139).

ARMES

La famille de Rabaine avait pour armes : *D'argent à la fasce de gueules, accompagnée de six coquilles de Saint-Michel, posées 3, 2 et 1.*

Notre frontispice donne ces armoiries d'après une pierre sculp-tée du château d'Usson. Nous reproduisons un sceau de 1272, qui prouve qu'elles n'ont jamais varié. Clairambault [1] a donc commis une erreur en indiquant pour Geoffroy de Rabaine, che-valier, d'après une quittance du 30 mars 1332, « establie de Sain-tes : sceau rond, écu *bandé de vair et de... de six pièces, sous un chef chargé d'un lambel.* » Courcelles blasonne d'une manière inexacte : *D'argent à la fasce de gueules, accompagnée de 3 van-nets renversés du même* [2].

TABLEAU DE LA GÉNÉALOGIE
—

BRANCHE DE PISANY

I GUILLAUME de Rabaine.
II P (Pierre ?).
III GEOFFROY I.

---

1. *Inventaire des sceaux*, t. II.
2. *Histoire des pairs de France*, III, article *Trevey*).

IV a. HÉLIE, mari de Houppais de Lande ou de Hispane de
   Bourg; b. Geoffroy II.

V GEOFFROY III, mari d'Almode de Montausier.

VI a. GEOFFROY IV, mari de Fenote de Saint-Astier ; b. Hélie ;
   c. Marguerite.

VII a. JEAN I, mari de : 1° Jeanne d'Hiers ; 2° Jeanne de Mambier ; b. Guillon, seigneur de Gemozac ; c. Marie ;
   d. Homme.

VIII JEANNE, mariée trois fois. Elle aliène Pisany.

BRANCHE DE GEMOZAC ET USSON

I GUILLON de Rabaine, époux d'Isabeau Ardillon.

II a. LAMBERT, mari d'Anne de Montlieu ; b. Jean II, seigneur
   de Jazennes ; c. Pierre II.

III a. JEAN III, mari de : 1° Françoise de Sainte-Hermine, dont
   Jacques ; 2° Jacquette Bertrand, dont Jean IV ;
   b. Arnaud, seigneur de Loubec, mari de N..., dont
   Pierre III ; c. Marie.

IV JACQUES I, mari de : 1° Françoise Gombaud ; 2° Isabeau de
   Coucis ; eut un fils, Charles, mort jeune sans
   alliance. La terre passa au suivant, frère de Jacques.

I JEAN IV, mari supposé de Jacquette de Sainte-Maure, dont
   plusieurs enfants, peut-être, entre autres :
II JEAN V, mari de Louise de Pons.

III a. Jacques III. — b. PAUL I, mari de Diane d'Estuer; c. Esther;
   d. Jeanne, femme d'André
   d'Alloue.

a. Jeanne, femme de Charles de Senecterre ; b. Anne, femme
   de Jacques d'Abzac.

BRANCHE DE JAZENNES, TANZAC, PEREFOND

I JEAN II de Rabaine, mari d'Eliette Fourestier.

II *a.* YVON, mari de Marie de Sansac; *b.* Marie ou Marguerite,
femme de François de Beaumont; *c.* Chardon,
seigneur de Mazottes, dont une fille.

III. *a.* JACQUES II, mari de : 1° Catherine de La Barthe ; 2° Catherine de Bremond d'Ars ; 3° Perrette de Beaumont;
b. Marie, femme de Jean de Guinanson ; *c.* Françoise, femme de René de Saint-Mauris. Yvon
laisse un bâtard. Thomas, souche de la branche
de Mazerolles.

IV *a :* Charles II; *b.* RENÉ II, mari de Marie Gombaud; *c.* Antoinette, femme d'Henri Gombaud ;
d. Françoise, femme de Charles
Guinot.

a. Françoise, femme d'Etienne de Saint-Laurent; *b.* René III,
mari de Jeanne de La Lande, dont Jean, mari de
Françoise Daste, dont Madeleine, femme de
Baptiste de Trevey ; *d.* Marie, femme de Jean de
Ransannes ; *e.* Antoine.

V *c.* PAUL II, mari de : 1° Françoise de Saint-Laurent, dont
François et Suzanne, femme de François du Souchet;
2° Louise de Beaumont, dont: *a.* Jean X ; *b.* Marie,
femme de Timothée de Cumon ; 3° Elisabeth de
Saint-Mathieu.

VI JEAN X, mari de Renée Villedon.

VII *a.* PAUL III, mari de : 1° Antoinette Perry ; 2° Catherine
Ancelin ; *b.* Jacques IV ; *c.* Madeleine.

VIII *a.* JEAN-PAUL IV, mari de Marie-Madeleine-Elisabeth de
Planche : *b.* Charles III ; *c.* Marie, femme de
François Pasquet ; *d.* Jeanne ; *e.* Madeleine.

a. François, mari de Marie Barbarin, dont François-Gaston,
mort sans enfants ; *b.* Jean XI ; *c.* Françoise-

Dorothée, femme de Jean de Crouzeau ; *d*. Jeanne,
femme de François Faure ; *e*. Catherine, femme
de N. de la Perelle.

IX CHARLES III, mari de Françoise Vigier.
|

X *a*. CHARLES IV, mari de Marie Delafaye ; *b*. Marie-Catherine;
c. Catherine ; *d*. Marie ; *e*. Catherine ; *f*. Madeleine ; *g*. Marie-Rose.
|

XI *a*. Pierre IV ; *b*. Pierre V ; *c*. Jacques V ; *d*. Pierre VI,
mari de JEANNE JOUBERT.
|

XII *a*. Charles V ; *b*. SIMOM-PIERRE-CHARLES, mari de Geneviève
Ribereau ; *c*. Marguerite-Cécile ; *d*. Denis-Alexandre.
|

a. Ludovic ; *b*. Ernestine ; *c*. Athanase ; *d*. Charlotte ; *e*. Marie,
femme de M. Henri Ribereau.

BRANCHE DE MAZEROLLES

I THOMAS de Rabaine, mari d'Antoinette de Marsanges.
|

II RENÉ I, mari de Françoise Arnoul.
|

III *a*. JEAN VI, de mari Renée de Guinanson ; *b*: Jean VII.
|

IV *a*. JEAN VIII, mari de Catherine de Gal ; *b*. Françoise ou
Renée, femme de Jean de Ferrière ; *c*. Suzanne ;
d. Renée ; *e*. Floriane ; *f*. Jeanne.
|

V PIERRE III, mari de Marie Filleul.

I JEAN VII de Rabaine, mari de Suzanne du Breuil.

II JEAN IX, mari de Judith de Lesignac ; *b*. Marie ; *c*. Marguerite.
|

a. Bénigne, femme de Jean de Luchet ; *b*. Henriette, femme
d'Alexandre du Souchet.

DOCUMENTS

I

1272, 1273, 1275, 5 décembre. — Vente en faveur d'Etienne Julien et sa femme Marguerite, par Achard, Cyprien et Jean Tiravache, de vingt sous de rente sur une maison sise dans le domaine d'Hélie de Rabaine. — Parchemin (230 mill. sur 140 mill) scellé du sceau d'Hélie de Rabaine, pendant sur double cordelette de fils de chanvre tressés [1].

Universis presentem cartulam inspecturis, Helias de Rabayna miles, de Ponte, vigerius, dominus de Pisani, et Achardus Tiravacha et Xiprianus Tiravacha et Johannes Tiravacha, fratres, filii Aimerii Tiravacha, defuncti, salutem et pacem. Noveritis quod, cum Stephanus Juliani, burgensis de Ponte, et Margarita, ejus uxor, debent nobis viginti solidos rendales, annis singulis, nobis solvendos vel mandato nostro, medietatem in festo nativitatis Domini, et aliam medietatem in festo beati Johannis Baptiste, sitos super domo quam tenent dicti conjuges, sita in rua que vulgaliter appellatur rua Halasputas, apud Pontem, inter domum Iterii Fulcaudi de Ponte, ex una parte, et domum Constantini Gifardi, ex altera, nos fratres predicti vendidimus et concessimus dictis conjugibus

---

1. Sceau en cire noire; écu sur lequel on distingue encore trois coquilles; légende : ... RAB ... IT. Contre-sceau: une coquille, autour: † S': SECRETI. Voir au surplus ce que nous disons des armoiries des Rabaine à la fin de la préface.

dictos viginti solidos rendales, perpetuo et hereditarie, nobis
debitos, precio quatordecim librarum garitarum monete currentis, quas nos dicti fratres habuisse et recepisse integre con-
fitemur, a dictis conjugibus, in pecunia numerata, et omne
jus quod habebamus et habere potebamus in dictis viginti
solidis rendalibus a nobis abdicavimus in manu et presencia
Helie de Rabayna, militis, ad quem dominium dictorum
viginti solidorum rendalium disnoscitur pertinere, supplicantes dicto militi ut dictos conjuges, pro se et heredibus et
successoribus suis, de predictis viginti solidis investiret, et in
possessionem poneret corporalem, et promisimus insuper
dictis conjugibus, super dictis viginti solidis, eis prestare plenum et perpetuum garimentum, pro quo garimento prestando, nos dicti fratres eisdem obligavimus (*cinq lignes com-
plètement effacées sur la première moitié de leur longueur*)
... bona ... mobilia et immobilia presentia et futura, renunciantes in hoc facto omni juris auxilio... metus et doli mali,
totius fraudis sive deceptionis et omni in facto acto et exceptioni... ultra dimidiam justi pretii... integrum racione in moris
etatis et omnibus aliis auxiliis scriptis vel non scriptis... seu
canonis per quam presens... posset destruii vel in parte, et
juravimus ad sancta Domini evangelia nos dicti fratres omnia
promissa et singula promissa inviolabiliter servaturos et contra, futuris temporibus, non venturos. In cujus rei testimonium nos dicti fratres eidem militi suplicavimus ut presenti
cartule sigillum suum duceret aponendum ut premissa
robora (*ou* robur) optineant perpetue firminatis. Ego vero Helias de Rabayna, miles predictus de cujus dominio premissa
vendita movent in cujus presencia omnia facta fuerunt satis-
factoque mihi de venda et autreyo, receptaque devestitione
a dictis fratribus, ad preces et instanciam ipsorum, dictos conjuges investivi et in possessionem posui corporalem, salvo
jure nostro in omnibus et pariter alieno et ad preces et suplicacionem ipsorum fratrum presenti cartule sigillum meum
aposui in testimonium veritatis. Datum die lune in vigilia

beati Nicholay hiemalis, anno Domini ᴍᵒ ᴄᴄᵒ ʟxx... (*un trou dans le parchemin*) [1].

II

1292, 5 janvier.— Accensement et bail emphytéotique consentis par Guillaume Charpentier, Enord, sa femme, en faveur d'Hélie Boc, dans lequel est nommé Hélie de Rabaine, seigneur de La Faye et possessionné à Gemozac. — *Parchemin scellé originairement de deux sceaux sur bandes de parchemin, de Geoffroy, archidiacre de Saintonge, et d'Hélie Tizon.*

Universis... Gaufridus, Dei gracia Xanctonensis archidiaconus, et Helias Tizonis, valetus, parochianus de Jamonzac, et Guillelmus Charpenterii et Eynordi, uxor ejus, parochiani de Jamonzac, salutem in Domino sempiternam. Noverit omnium universitas quod, nos predicti conjuges, pro nobis et nostris heredibus, tradidimus et concessimus Helie Boc, parochiano de Jamonzac, pro se et suis heredibus, omnes res et bona infra scripta, que sunt ex parte mei dicti Guillelmi Charpenterii, ad censum perpetuum sex denariorum renda-

---

1. Un trou a enlevé les autres chiffres. Au dos on lit, d'une écriture du xvıⁱⁱe siècle : 1272, 1273. Ce qui n'est peut-être pas très exact, car après ʟxx, sur le bord de la déchirure, on voit un fragment de lettre qui pourrait être un reste de v. La pièce serait donc postérieure à 1275 ou de 1275.

lium, nobis reddendorum ab eodem Boc et suis heredibus,
annis solvendorum, festo vel crastino Pentecostis, quando
a nobis super hoc fuerit requisitus, sequenciam bladorum
agrerie, videlicet quintam partem in toto blado et totam pa-
leam ipsorum bladorum, de quarto anno in quarto anno ;
item et quartam partem octavam quam unius quarti prepo-
sitagii quam percipere solemus, annis singulis, que omnia
predicta nos dicti conjuges, modo quo supra habemus et
habere possumus et debemus, et etiam percipire èx agreriis,
que consueverunt portari, quolibet anno, in vico de Jamonzac, que in quantum habemus et habere solemus et debemus et etiam percipiuntur in feodo de Labronar et deu Tra-
pador, situm in parrochia de Jamonzac, in dominio Helie
Tizonis, valeti, et parcionariorum suorum, juxta feodum de La
Faya domini Helie de Rabayna, militis, ex una parte, et pro-
tenduntur, ex altero parte, usque ad Lasfontanes, deinde
usque ad peyratum de palude, et usque ad terras Guillelmi
Baudi, que sunt ex parte uxoris sue, et usque ad quadruvium, per quod fit transitus, veniendo de Jamonzac versus
Pontem, et usque ad terras prioris de Jamonzac, via inter-
media, et usque ad terras feodi de Onziniaco, et juxta terras moventes de dominio P. Vigerii, valeti, via publica in-
termedia, et confiniunt ad viam de Lasrues. Item tradidimus in emphithcosim dicto Helie, pro se et suis heredibus,
cum predictis rebus sive bonis, et ad predictum censum res
et bona infra scripta, moventes et moventia de dominio predicti Helie Tizonis et percionariorum suorum, et sunt ex parte
mei, dicti Guillelmi : item et omne jus quod habemus et habere possumus et debemus, ad presens et in posterum, in dictis feodis et rebus sequentibus, quocumque titulo, et causa
quacumque, scilicet, aliam totam quartam partem quam habemus et habere possumus et debemus, pro indiviso, in terris
Nemoris sive Lasbrozses, et earum fundis feodi de Labronar
que partiuntur cum frayrechia, mei predicti Guillelmi; item
et quartam partem quam habemus... in Nemore cum fun-

do deu Touziniar quod partitur, cum frayrechia, mei predicti
Guillelmi; item et totam partem nostram quam habemus...
pro indiviso, in explecto Auge et de Loubeypi et Brande deu
Touziniar quod parcitur, cum frayrechia, mei predicti Guillelmi, et, virtute hujus predicte traditionis sive acenssa-
cionis, a nobis facte, dicto Helie de predictis, jus omnimodo,
quod habebamus et habere potebamus in premissis, et etiam
possessionis, proprietatis, comoditatis et deverii in predictum
Heliam transtulimus, pleno jure, nichil nobis aut nostris heredibus in eisdem decetero retinentes, preterquam sex denarios rendales, tantum modo supra dictos. Item, ex alia parte,
vendidimus, perpetuo et hereditarie, dicto Helie Boc, duos denarios rendales, nobis, annis singulis, debitos ab eodem de
quadam domo, sita subtus dominio domini Helie de Rabayna, militis, in vico de Jamonzac, juxta domum dicti Helie,
ex una parte, et domum Helie Bonihominis, que est ex
parte uxoris ejus, ex altera, precio duorum solidorum gari-
torum, de quo precio nobis satisfecit integre, et ad plenum,
cui predicto Helie, nos dicti conjuges, et suis heredibus,
quilibet nostrum, in solidum promisimus, et adhuc promi-
timus et tenemur supra dictis, dare, facere, et portare adversus omnes homines perpetuum garimentum. Et si ressar-
cire expensum et dampnum que fecerint aut sustinueverint
racione predicti garimenti a nobis sibi non prestiti, de quibus suo simplici juramento simplici tenemur credere, sine
alia aliqua probatione, et pro omnibus predictis obligavimus omnia bona nostra presentia et futura, renunciantes...
Supplicantes predictis Xantonensi archidiacono et valeto, ut
in robora et testimonium omnium promissorum hiis litteris
siggilla sua ducerent aponenda. Quibus litteris nos dicti archidiaconus et valetus, audita supra premissa confessione
eorumdem conjugium, ad eorum supplicacionem ipsa siggilla
nostra aposuimus in robora et testimonium eorumdem. Datum de consensu presentium, sabbato post circoncisionem
Domini, anno ejusdem Mº CCº nonagesimo secundo.

III

1332, 11 juillet. — Arrentement de pêcherie consenti par Geoffroy de Rabaine, moyennant quatre livres et deux sous de rente. — *Scellé du sceau pendant par bande de parchemin d'Arnauld, archidiacre de Saintonge; légende absente; la Vierge tenant l'enfant Jésus, debout, entre saint Pierre et saint Paul. Au contre-sceau: A. et autour:* CONTRA SIGILLVM. *Dimension : 35 millim. environ. Cire rouge.*

Universis..., Arnaldus, Dei gratia sancti Eustachii tituli dyaconus cardinal et archidiaconus Xanctonensis, Reginaldus de Ponte, dominus ejusdem loci et Brageyriaci, miles, et Gaufridus de Rabeyna, miles, de Ponte, Petrus Sapientis et Petrus Peletani de insula parochiani Sancti Leodegarii, et Petrus Bonyalli de Montinhaco, salutem in eo qui est omnium vera salus. Et infra scribenda perpetue memorie commendare noveritis quod ego Gaufridus de Rabeyna, miles predictus, constitutus in jure coram prefatis archidiacono et domino, pro me et heredibus meis seu successoribus, perpetuo et hereditarie, pensata mea et meorum utilitate, spontaneus trado et concedo et me tradidisse et concessisse confiteor et in hiis scriptis puplice recognosco prefatis Petro Sapientis, Petro Peletani et Petro Bonyalli de Montinhaco et cuilibet... pro pretio quatuor librarum et duorum solidorum monete currentis rendalium, michi prefato militi et meis heredibus annuatim, perpetuo, solvendorum per quatuor anni festa seu quatuor quarteyrones singuli anni... quandam aquam meam seu deffensum aque piscarie, sitam [inter] confrontationes sequentes, que incipiunt prout aqua labetur de insula ad locum puplice vocatum Sarmadela, retro molendinum ipsius molendini et ferit in comuni esterio, retro molendinum predictum et exinde ferit in magno esterio, quod prefatum esterium et deffensum aque sunt inter pratum vocatum Breteum, ex uno latere, et aliud pratum puplice appellatum Laguoyna. Sic expresse acto et in pactum deducto inter me dictum militem, ex una parte, et dictos... ex alia, quod ego dictus miles non possum nec debeo, nec mei heredes, auferre prefatis hominibus tenentiariis predictam aquam seu deffensum pro tradendo aliis personis, nisi tamen in casu quo ab ipsis invenire et habere magis dupplum in redditibus possem, nec ipsi, et eorum heredes, non poterunt dimittere dictos aquam seu deffensum, futuris temporibus, nisi casu contingente predicto... abdicans, inquam, ego dictus miles, pro premissis quatuor libris et duobus solidis rendalibus a me et heredibus meis de predictis aqua et deffenso aque, quidquid juris, proprietatis, possessionis, actionis et dominii utilis et directi, que in premissis aqua piscaria et deffenso aque habeo et habere possum et debeo quacumque causa titulo seu jure, eaque omnia et singula antedicta in dictos Petrum Sapientis, Petrum Peletani et Petro Bonyalli de Montinhaco, et eorum heredes totaliter transferendo virtute et titulo cujus tradicionis cedo dictis... pleno jure transfero omnia jura, nomina et acciones mihi et meis competentes et competituras competentia et competitura adversus quascumque personas propremissis aqua et deffenso aque ipsos Petrum Sapientis..... depresenter et recipientes..... possessores et dominos constituens in rem suam, nichil michi aut meis decetero retinens nisi premissas quatuor libras et duos solidos rendales et me devestio et dissazio... Ego prefatus miles teneor et promitto pro me et heredibus meis prestare et facere dictis Petro... presentibus et recipientibus, pro se et suis, in judicio, et extra et erga quascumque personas, collegia et universitates, toties quotiens sibi opus fuerit, plenarium perpetuum et quod de jure sibi necessarium fuerit guarimentum... Ego prefatus miles obligo dictis Petro Sapientis... me et omnia bona mobilia... Nos autem Petrus Sapientis, Petrus Peletani et Petrus Bonyalli de Montinhaco, constituti in jure, coram prefatis archidiacono et domino, confitentes in hiis scriptis omnia premissa et singula fore vera ut per prefatum militem superius sunt expressa, pro nobis et heredibus nostris, spontanei, non coacti, promittimus solvere et reddere perpetuo et hereditarie prefato militi... premissas quatuor libras et duos solidos rendales, per quatuor anni festa, seu quatuor quarteyrones singuli anni, ut superius est expressum, perpetuo in futurum, pro quibus premissis quatuor libris... solvendis... nos dicti Petrus Sapientis... obliguamus, et quilibet nostrum in solidum dicto militi et suis heredibus, nos et omnia bona nostra... et renunciamus insimul nos dicti debitores et miles pro nobis et nostris, quilibet nostrum, in facto suo certiorati de premissis et singulis premissorum et omni jure nostro, omni exceptioni totius deceptionis levis et enormis et de uno acto alio plus seu minus scripto, contractus simulati, doli, mali et in factum actioni deceptioni ultra dimidia justi precii... Que omnia singula premissa ut nostrum quemlibet tangunt, tangere possunt et debent, promittimus pro nobis et nostris tenere, servare, complere et in contrarium non venire sub rerum nostrarum et bonorum nostrorum antedictorum omnium hypotheca, et juramento a nostrum quolibet super hoc ad sancti Dei evangelia corporaliter prestito... Et in testimonium omnium premissorum damus et concedimus alter nostrum alter ad invicem has presentes litteras sigillis dictorum archidiaconi et domini, ad preces nostras et instanciam sigillatas. Et nos archidiaconus et dominus antedicti, auditis in et super premissis dictorum militis et debitorum confessionibus ipsos ut eorum quemlibet tangunt in hiis scriptis quilibet nostrum, per judicium curie nostre adjudicamus et eciam condempnamus ad tenendum, servandum et complendum unus ipsorum alteri ad invicem, omnia et singula premissa, et ad eorumdem preces et instanciam in premissorum testimonium sigilla nostra predicta presentibus litteris duximus apponenda. Actum et datum die dominica post octabas apostolorum Petri et Pauli, anno Domini millesimo trecentesimo tricesimo secundo. Ego Helias Beyfre, clericus, premissa audivi pro dicto archidiacono et domino.

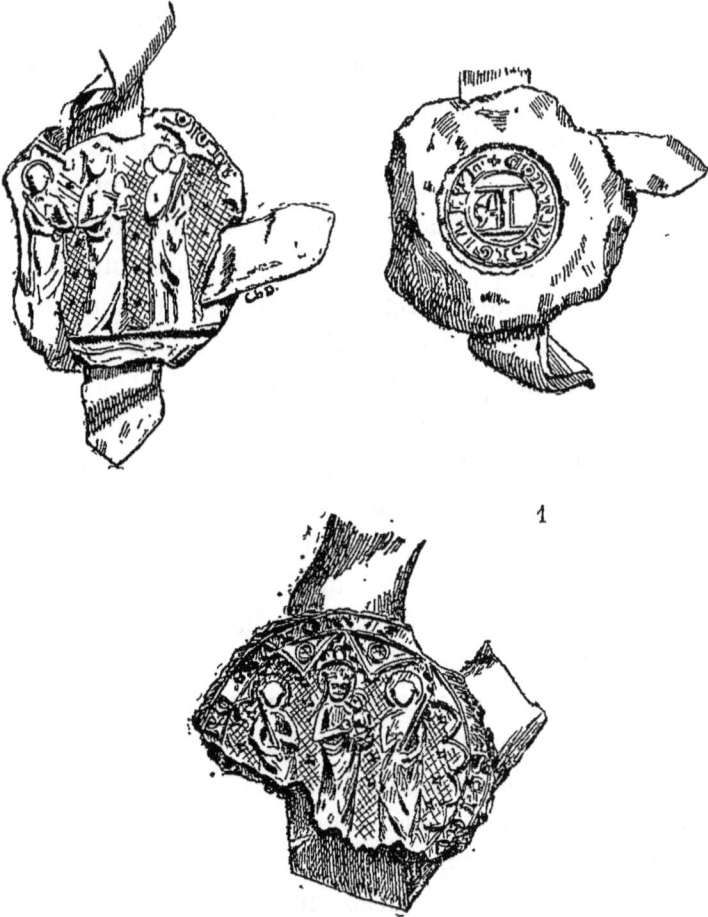

1

---

1. Ce second sceau d'Arnauld provient d'une autre charte. Nous le publions pour compléter le premier.

IV

1353, 13 mars. — Testament de Geoffroi de Rabaine, seigneur de Pisani, par lequel il institue légataire universel, son fils Hélie de Rabaine, chevalier, à charge de legs à Geoffroy et à Marguerite, ses autres enfants, ainsi qu'à sa femme Almode de Montausier. — *Ne paraît pas avoir été scellé, bien que les trois queues simples de parchemin existent encore.*

In nomine patris... Ego Gaufridus de Rabeyna, miles, dominus de Pissani, sanus mente per Dei graciam et in bona existens memoria, cogitans de supremis et videns quod nullum est certius morte et nichil incertius hora mortis, volens de rebus et bonis meis ordinare, idcirco testamentum meum ultimum seu ultimam meam voluntatem condo, facio et ordino per hunc modum. Cum heredis institutio sit caput, inicium et fundamentum, cujuslibet testamenti, ideo instituo heredem meum universalem dilectum et carissimum meum Heliam de Rabeyna, militem, filium meum, exceptis illis de quibus inferius ordinabo. Item lego jure institutionis et legitime et pro appanamento suo, Gaufrido et Margarite, filiis meis, cuilibet, quindecim libras rendales assignandas secundum consuetudinem patrie inter nobiles observatam. Item volo et ordino quod si terra mea veniebat ad statum pristimum, vel circa, quod solebat valere ante mortalitatem, quod, in casum illum, cuilibet illorum Gaufridi et Margarite augmentetur per dictum heredem meum de centum solidis rendalibus. Item volo et ordino quod si terra mea de Pissani, de Vardesco et de Xanctonis, veniebat ad dictum statum, quod in casum illum dictus Gaufridus habeat de dicto herede suo sexaginta libras semel solvendas. Item lego dicte Margarite, filie mee, ducentas libras certis terminis solvendas, per dictum heredem meum, de tali moneta qualis curret temporibus solutionis earum, ad ipsam dotandam, quas nolo quod ipsa possit petere, nec eciam dictas quindecim libras, quousque sit dotata, et volo quod ipsa Margarita remaneat in hospicio et habeat victum et vestitum et sua necessaria quousque contraxerit matrimonium, ita tamen quod ipsa non possit petere fructus dictarum quindecim librarum rendalium nec arreyragia earumdem. Item volo quod dictus Gaufridus, filius meus, habeat victus et vestitum in hospicio mee, secundum ejus statum, tam diu vixerit in humanis. Item lego dicto Gaufrido, filio meo, post mortem dilecte uxoris meo dicte Almodis de Monteauserio, domum meam sitam apud Pontem, que fuit Gaufridi de Rabeyna, advunculi mei defuncti, quam domum lego dicte uxori mee ad vitam ejus dumtaxat. Item volo et ordino quod si dictus Gaufridus et Margarita decederent absque heredibus ex carne sua legitime procreatis, aut unus eorum, quod ipsi de dictis quindecim libris sibi et cuilibet eorum legatis non possint aliquid vendere, distrahere aut alienare quoquomodo, nec etiam dictus Gaufridus de dicta domo, excepto hoc quod quilibet eorum poterit ordinare pro salute anime sue de viginti solidis rendalibus; residuum vero dicti redditus dicto heredi meo perintegre remanebit, nec etiam de dictis centum solidis rendalibus, si eos contingat per modum superdictum augmentare. Item volo et ordino quod si contingeret dictum Heliam de Rabeyna, militem, filium et heredem meum, premori absque heredibus... (*Geoffroy est substitué à Hélie et Marguerite à Geoffroy et Hélie*). Item cum ego aliàs dederim dilecte uxori mee, domine Almodi de Monteauserio, viginti libras rendales, attendens quod terra mea est valde diminuta tam propter guerra quam propter mortalitatem, ad requestam et suplicacionem ejusdem uxoris, volo quod ipsa dilecta uxor mea contentetur de sexaginta libris rendalibus sibi assignandis ad ejus vitam dumtaxat, cui donationi dicta domina spontanea, de assensu suo, renunciavit et se tenuit contenta de dictis sexaginta libris assignandis ad ejus vitam dumtaxat. Item meam commendo animam altissimo Creatori, beate Marie virgini, ejus matri, totique curie omnium supernorum quorum spero et suplico patrocinis adjuvari. Et eligo sepul-

4

turam meam in eclesia hospitali novi de Ponte ante altare
beati Eutropii dicti loci, in sepultura parentum meorum, cui
eclesie lego centum solidos rendales pro salute anime mee et
parentum meorum, vel sexaginta libras de tali monete qualis
curret tempore solutionis, et, facta solutione dictarum sexaginta librarum, dictus heres meus et sui heredes remanebunt
quipti a solutione centum solidorum rendalium : tamen heres
meus tenebitur solvere dictos centum solidos rendales
quousque tradiderit dictis priori et fratribus dictas sexaginta
libras. Item lego dictis priori et fratribus sexaginta solidos
pro pittanciam die sepulture mee et totidem in die septisini
(*un mot rongé*). Item lego cuilibet pauperi afluenti in die
sepulture mee duos denarios semel totidem (*mot rongé*).
Item volo et ordino quod super corpus meum ponatur in die
sepulture mee unus panus niger cum una cruce alba et cum
uno crucifixo et circa me ponantur quatuor cerei, quilibet
duarum librarum. Item lego (*mot rongé*) aymes et Arsendi
Landrige, ejus uxori, et Guillelmo lo Bort, meo consanguineo
naturali victum et vestitum in hospicio meo, tam diu voluerit
vel potuerit bono modo servire in hospicio meo dicto heredi
meo, vel ejus heredibus vel successoribus. Item lego confraternitate beati Nicolay, institute in eclesia beati Martini de
Ponte, quadraginta solidos solvendos, itaque confratres dicte
confraternitate interssint processionaliter in die sepulture
mee et septisini mei. Item lego fratribus minoribus et fratribus predicatoribus de Ponte et fratribus minoribus et
fratribus predicatoribus de Xanctonis, cuilibet conventui,
viginti solidos, semel solvendos in die sepulture mee et totidem in die septisini mei. Item lego priori et conventui
Sancti Martini de Ponte viginti solidos, semel solvendos in
die sepulture mee et totidem in die septisini mei, si interss-
sint ad dictam sepulturam et ad septisinum meum. Item
lego eclesie de Corme regali, cujus sum parrochianus,
pro loco meo de Pissany, quinque solidos rendales vel pec-
cuniam ademendam. Item volo et ordino quod cappellanus

Salvatoris de Ponte, cujus sum parrochianus, in villa
de Ponte, habeat de rebus et banis, que, ad sepulturam
meam, portabuntur ad hospitale novum pro sepultura mea
talem partem qualem clerici jurisperiti ordinabunt. Exequtores vero meos facio et instituo dilectam et carissimam uxo-
rem dominam Almodim de Monteauserio predictam et carissimum et dilectum meum filium Heliam de Rabeyna,
militem, et in casum in quem ipsi nollent vel non possent exequcionem meam facere et complere, aut essent negligentes
de ea exequcione facienda et complenda, in casum illum facio
et ordino exequtores meos carissimos dilectos meos nobiles
viros dominum Gumbaudum de Balanzaco, dominos Guillelmum et Bertrandum de Monteleonis, dominum Guillelmum
Jordani, dominum de Rios, dominum Heliam Martonis, mi-
lites, Poncium de Amblevilla, valetum, cognatum meum
carissimum, et Heliam Bertrandi, burgensem de Ponte.... Et
dono eisdem aut duobus vel tribus ut in casum in quem dilecta uxor mea, aut dictus miles filius meus essent negligentes
ad faciendum et complendum exequcionem predictam quod
ipsi simul (?) duo vel tres possint dictam meam exequcionem
facere et complere nisi omnes vellent pariter interesse,
et possint meam terram capere et bona et tenere quousque
mea exequcio compleatur, sine reddicione computi. Deffensores autem mei ultimi testamenti ordino et facio, nobiles et
potentes viros, dominum meum carissimum dominum Reginaldum, dominum de Ponte, dominum Fulconem de Mastaco,
dominum de Royano, militem, et nobilem dominam dominam Johanam de Lebreto (*mot presque effacé*), dominam de
Ponte et nobilem virum dominum Reginaldum de Ponte,
militem, dominum de Monteforti, ejus filium, et quilibet
eorum insolidum ita quod non sit melior conditio occupantis,
quibus et cuilibet eorum insolidum dono plenariam potesta-
tem et speciale mandatum ut dictos exequtores meos et eorum
quemlibet possint compellere ad faciendum et complendum
exequcionem meam. Ita tamen quod si dicti exequtores sint

negligentes vel remissi aut noluerint dictam meam exequcionem facere et complere secundum contenta in presenti meo
ultimo testamento seu in ista presenti mea ultima voluntate
quod ipsi deffensores aut quivis eorum possint (*un mot rayé*)
terram meam et bona mea adhipiscere et tenere, seu adhi-
pisci et teneri facere propria auctoritate sua, sine juris
offensa, quousque mea dicta exequcio fiat et perintegre
compleatur. Quod quidem meum ultimum testamentum seu
meam ultimam voluntatem volo et jubeo valere et tenere
jure testamenti... Et suplico venerabili viro domino Johani,
dei gratia Xanctonensi archidiacono, discreto viro Petro de
Torretas, clerico, custodi sigilli illustrissimi principis et
domini nostri regis Francie, apud Paracollum constituti, et
nobili et potenti viro domino Reginaldo de Ponte, militi,
domino ejusdem loci et Ribeyriaci ut ad preces et instanciam mei et ad relationem Fulcaudi de Bernolio, clerici
jurati curie dicti domini archidiaconi, curie superdicti
sigilli de Paracollo et curie dicti domini de Ponte, sigilla
dicti archidiaconi, dicte curie de Paracollo, dicti domini de
Ponte dignentur apponere in testimonium premissorum.
Nos vero dicti archidiaconus dictus custos et prefatus dominus de Ponte dicta sigilla, videlicet quilibet nostrum illud
sigillum quo utimur seu uti facimus ad contractus, in curiis
predictis, ad preces et instanciam et ad relationem quas
supra presenti testimonio seu dicte presenti ultime voluntati
apponi fecimus, in testimonium veritatis. Datum, testibus
presentibus ad hoc vocatis specialiter et rogatis, domino
Gombaudo de Balanzaco, milite, domino de Arcs, domino
Bertrando et Guillelmo de Monteleonis, militibus, domino
Guillelmo Jordani, milite, domino de Rios, discreto viro
domino Guillelmo Vigerii, cleri jurisperito et priore Sancti
Dicentis de Vado, Pontio de Amblevilla, Oliverio Selleti et
Petro de Brolio, valetis, et Helia Bertrandi, burgensi de
Ponte, tres decima die menssis martii anno Domini mille-
simo trecentezesimo quinquagesimo tertio.

V

1353, après le 13 mars [1]. — *Fragments d'une charte en fort mauvais état.*

..... Inspecturis et audituris Stephanus Vigerii custos sigilli regii super pontem Xanctonensem pro [rege]..... et nobilis ac potens vir dominus Reymundus vicecomes de Fronsaco..... miles filius et heres insolidum nobilis domini Gaufridi de Rabayna militis condam domini..... noverint quod cum prefatus nobilis et potens dominus Reymundus vicecomes..... de Landes ad custodiendum nobili viro domino Gaufrido de Rabayna militi..... Et dictus condam dominus Gaufridus de Rabayna miles dictum castrum de Landes..... in custodiam seu ad custodiendum ab omnibus injuriis suis accepisset..... dicto domino vicecomiti seu..... mandato liberum et immunem (?) reddere et tradere et restituere..... seu ejus certi mandati simplicem requisicionem vel solvere vel tradere ipsi domino vicecomiti..... centos scutos auri de cugno illustrissimi principis domini mei Francie regis casu quo dictus .... de Landes prefato domino vicecomiti aut suis reddere non posset et predictis tenendis et observandis dictus condam dominus Gaufridus..... domino vicecomiti castrum suum de Pisani et generaliter omnia bona sua et suorum presencia et futura obligasset..... Huic est quod constituti in jure..... us vicecomes de Fronsaco bone fide et sine dolo et successores quoscumque quittavit liberavit perpetuo pariter et..... nobilem dominum Heliam de Rabayna, militem, predictum filium et heredem insolidum prefati domini Gaufridi de Rabayna..... heredes et successores

---

1. Cette date résulte de ce que Hélie est dit fils et héritier de Geoffroy dont le testament est daté du 13 mars.

omnia bona sua et suorum presencia et futura a predicta
obligacione dicti condam patris..... dicti castri de Landes
custodia..... restitucione et aliis quibuscumque in quibus
ipse dominus Helias ut heres..... *(plus loin)* quaslibet alias-
que et quas dictus dominus vicecomes habere potest et
debet, habebat, seu habere poterat et debebat, versus et
contra dictum dominum Heliam ut heredem dicti condam
domini..... seu suosque heredes successores seu contra dictum condam dominum Gaufridum, ejus patrem suosque
heredes et succ(essores)...... aut alios quoscumque seu alium
fidejussorem aut ab nomine dicti condam domini Gaufridi
preffatus dominus vicecomes..... heredes et successores dicto
domino Helie presenti stipulanti et sollempniter recipienti
et pro ipsi suis heredibus et successoribus..... quictavit liberavit (?) penitus et remisit pactum quod sibi fecit expressum
atque reale..... non petendo decetero ab eodem domino Helia
aut suis dictum castrum de Landes..... *Au dos d'une écriture plus récente*: Engagement de Pisany au vicomte de
Fronsac [1].

VI

1356, 26 juin. — Extrait du testament de Geoffroy de Rabaine. *Parchemin scellé originairement du sceau de Gilles, archidiacre de Saintonge ;
fragment de sceau en cire rouge pendant sur double queue de parchemin ; on voit au contre-sceau, les lettres* SIGIL...

Universis... Egidius, Dei gratia Xanctonensis archidiaconus, salutem.

Nos vidisse, tenuisse, palpasse, legisse et de verbo ad ver-
bum diligenter inspexisse quoddam testamentum ultimum

---

1. « Le vicomte de Fronsac et lui (Hélie de Rabaine), dit dom Fonteneau,
loco cit., se conservèrent mutuellement leurs terres envers les deux cou-
ronnes. »

seu voluntatem ultimam que olim fuit nobilis viri domini Gaufridi de Rabeyna, militis, deffuncti, olim domini de Pissani, non destructum, non abrasum... sigillis discreti viri domini Johannis, Dei gratia Xanctonensis archidiaconi, predecessoris nostri, ac sigillo de Paracollo... ac etiam sigillo nobilis... viri domini Reginaldi de Ponte... sigillatum seu sigillandum, cujus quidem testamenti... principium tale est... (*Suivent le préambule du testament* [1] *et les clauses qui intéressent Geoffroy et Marguerite de Rabaine*).

VII

1363, 15 septembre. — Aveu et dénombrement rendu à Geoffroy de Rabaine, damoiseau, seigneur de Pisany, par Marie de Pierrebrune. — *Parchemin.*

Universis presentes litteras inspecturis, Egidius, Dei gratia Xanctonensis archydiaconus, et domina Maria de Petra Bruna, commorans apud Pontem, salutem in Domino. Noverint universi presentes pariter et futuri, quod ego dicta domina Maria advoho et teneo, et me advohare et tenere publice confiteor, in hiis scriptis, a nobili viro domino nostro Gaufrido de Rabeyna, damicello, domino de Pissani, ad homagium plainum et ad achiptamentum duorum calcarium deauratorum solvendorum in mutatione vassali in feodum, quasdam domos, sitas infra muros veteres castri de Ponte, prope domos dicti domini mei de Rabeyna. Item advoho et teneo..... [2] quartam partem pro indiviso totius decime cu-

---

1. Un membre de phrase est reproduit ici : « licet eger corpore », qui n'existe pas dans le testament que nous avons transcrit plus haut.

2. A la fin de chaque ligne un mot est effacé ou à peu près.

jusdam feodi, siti in parochia de Montighaco, quod feodum
tangit (*mot effacé*) viam que ducit de Montighaco predicto
ad locum de Sarmedella et ex uno latere tangit ad longum
feodi venerabilis abbatis Sancti Johannis Angeliacensis, et
ex uno latere tangit in feodum heredum domini Guillelmi
Bocha, militis, quondam domini de Boniallo et de Longo
Campo, et exinde tenet se in decimariam Sancti Severini de
Palene et ascendit usque ad feodum Petri Reymondi, et de
dicto feodo dicti Petri Reymundi in allodiis de Cantalupi et
exinde usque ad Podiumpetit et de dicto Podiopetit ten·
dit ad limitem per quod (*sic*) itur recte ad justiciam de Perighaco, et de dicto justicia de Perighaco tendit usque ad
viam de Artubus, et de dicta via de Artubus descendit ad
Podium Achom, et de dicto Podio Achom descendit ad com-
bam aus Vigiers, et de dicta Comba aus Vigiers descendit ad
viam de Fonte mortua, et de dicta via de Fonte mortua ascendit ad dictum locum de Montighaco, et de dicto loco de
Montighaco tendit usque ad terras magistri Helie de Placa
(*mot douteux, presque effacé*) clerici, jurisperiti, et de illis
terris descendit ad quamdam terram moventem de domino
nobili viri domini de Ruppeeyraudi. Item advoho et teneo
a dicto Gaufrido, domino meo, quartam partem, pro indiviso
totius decime cujusdam feodi, siti in dicta parrochia de
Montighaco inter feodum predicti venerabilis abbatis Sancti
Johannis Angeliacensis, ex una parte, et viam que ducit de
villa de Ponte apud Brives, ex altera. Item advoho et teneo
a predicto damicello, domino meo, quartam partem pro indiviso magne decime dicti loci de Montighaco, que decime
incipit et durat de via de Artubus usque ad limitem Fontis
Ruphe, et de dicta Fonte descendit usque ad viam de Perighaco et de dicta via tendit usque ad quadruvium domus
Ersillyers de Boniallo, et deinde descendit usque ad viam de
Brives, et de dicta via de Brives tendit usque ad locum vocatum Paupendium, et exinde ascendit ad locum vocatum
au Cuchet, tenente predictum feodum dicte decime magne

in dominio nobilis et potentis viri domini mei de Ponte.
Item habeo, teneo et percipio, a dicto damicello, domino meo, quartam partem pro indiviso in decima dicte
parrochie de Montighaco sive in agnellis, porcellis, vinillanis,
linis, canapis et in aliis quibuslibet rebus de quibus predecessores mei consuevimus *(sic)* habere et percipere sive le
(mot presque effacé) decimam dumtaxat. Item advoho teneo
a dicto Gaufrido de Rabeyna, domino meo, omnes et singu-
los redditus meos, quos habeo et percipio et predecessores
mei habere et percipere consueverunt ab antiquo, in tota
parrochia de Montighaco, quocumque modo possunt nomi-
nari. Et hec omnia universa et singula supra dicta ego prefata Maria de Petrabruna advoho et teneo a dicto damicello
domino de Rabeyna, domino meo sub homagio et deverio
predictis... et eciam do declarando et specificando loco et
tempore competentibus quod si dilecta soror mea Joyda de
Petrabruna, uxor Guillelmi de Antiraco (?), valeti, aliquid
tenebat et possidebat... in illis seu in eorum singulis... dictus archidiaconus ad preces instanciam et ad relationem...
(mots effacés) sigillum   litteris duximus apponendum.
Datum die veneris post festum exaltationis Sancte Crucis
anno Domini millesimo cccᵒ sexagesimo tertio. Fulcaudus
de Bernolio clericus sic audivit.

VIII

1364, samedi après noël, 28 décembre. — Donation de maisons, sises
à Pons, par Guillaume de Montlieu, en faveur de Geoffroy de Rabaine. —
*Parchemin scellé du sceau en cire noire, pendant sur double queue de
parchemin; armes des de Pons, au milieu d'une rosace; autour...* ERAD
CAVSAS [e]T [co]Nᵲᵳ. .; *contre-sceau aux mêmes armes; autour:* † CONTRA
SIGILLVM CVRIE PONTIS.
Cette charte est en très mauvais état, déchirée, rongée par l'humidité.

Plusieurs lignes sont illisibles, notamment à leurs extrémités et dans les plis.

Universis presentes litteras visuris eciam audituris, Reginaldus, dominus de Ponte et Guillelmus de Monteleonis, dominus ejusdem loci, miles, salutem in Domino sempiternam. Noveritis quod constitutus in jure coram nobis, prefato domino de Ponte, dictus dominus de Montelconis sponthaneus, non coactus, sed sua mera propria et sponthanea voluntate proprio (?) motu, et de jure suo ad plenum certioratus, dedit, cessit et quiptavit, seque dedisse, cesisse et quiptavisse, pure perpetue hereditarie... heredibus et successoribus suis in hiis scriptis, recognovit, et publice confessus, Gauftrido de Rabeyna, domicello (*deux lignes et demie indéchiffrables*) domos que condam (fuerunt?) Ugonis de Ponte, valeti, que site sunt apud Pontem [1] in vanella per quam itur de fonte Richeut (ou Richent) versus   et inter dictam vanellam, ex una parte, et vanellam per quam itur a domibus condam Johannis Saladini ad dictam fontem Richeut ex alia parte, nichil juris alicujus sibi, nec suis, idem dominus de Monteleonis amodo retinens in dictis domibus superius confrontatis, seque de eisdem divestiens et disaziens et dictum Gauffridum de Rabeyna, dominum de Pissani, pro se et suis investiens et saziens   eisdem per tradicionem et concessionem.   Et si in futurum contingit ipsum dominum de Monteleonis tenere vel possidere dictas domos, ut prefertur, superius confrontatas, se ipsas habere tenere et posidere nomine dicti domini de Pissani... (*Suivent les formules*). Datum presentibus Malfredo de Sancto (*mot rongé*) domino de Rioz, et   de Bria, testibus ad premissa vocatis. Die sabbati post festum nativitatis Domini, anno ejusdem (?)

---

1. On devra consulter pour cette pièce, comme pour toutes les précédentes, le *Chartrier de Pons* (t. IX des *Archives*), qui contient beaucoup de noms répétés dans ces chartes.

millesimo CCC° sexagesimo quarto. Johannes Vigerii clericus
audivit.

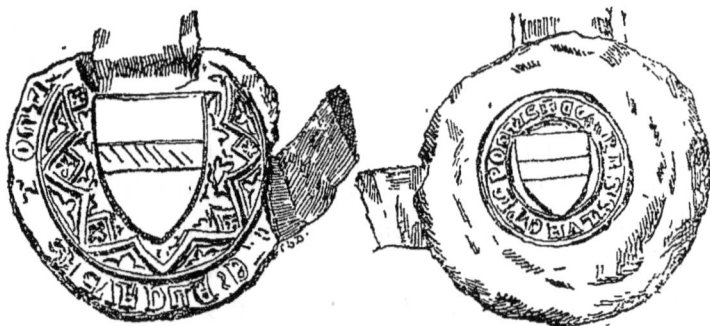

IX

1373, 3 octobre. — Accensement d'une maison, sise à Pons, consenti par
Geoffroy de Rabaine, moyennant vingt sous de rente annuelle. — *Ce par-*
chemin ne paraît pas avoir été scellé. Une double queue de parchemin y
est seulement attachée. On lit sur ces deux bandes : SOLVERE, SOLVERE,
SOLVERE.

Universis... Reginaldus de Ponte dominus ejusdem loci,
vicecomes Carlatensis et Turonie, in parte, et dominus
Gauffridus de Rabeyna, miles, ex una parte, et Guillelmus
Fulcherii et Maria ejus uxor, parochiani sancti Martini de
Ponte, ex parte altera, salutem et litteris presentibus per-
petua dare fidem. Noverint universi quod pro nominatis
personis in jure coram nobis, predicto domino de Ponte,
personaliter constitutis... dictus miles, utilitate sua et heredum suorum inspecta et considerata, tradit, ascenssat et
concedit pure perpetuo... extra consuetudines Pontenses...
predictis conjugibus presentibus recipientibus... quamdam do ·
mum maffest cum cameris privatis [1] et cum medietate cujusdam platee, sitis, a latere, et coram dicta domo, que sita sunt in

---

1. Cet acte a été traduit en français au XVIIᵉ siècle. Voici le passage relatif
à cette maison : « Certaine maison à fest, avecq les caves d'icelle, et la

villa de Ponte, inter domum, quam tenet Arnaldus Bartho-
lomei a dicto milite, ex uno latere, a parte superiore, et
domum et maynile Guillelmi Teyserii, carnificis, a parte
inferiore, ex alio latere, et inter quamdam vanellam per
quam itur de castro de Ponte versus fontem Richeut ex
uno capite et quamdam aliam vanellam per quam itur de
stannis versus dictum fontem Richeu, ad longum domorum
que fuerunt Johannis Saladini, ex altero capite, ad annuum et
perpetuum censsum redditum, seu deverium, viginti solidorum usualis monete, rendalium seu censsualium, et unius
hominis de bie solvendorum et reddendorum a dictis conjugibus, pro se et suis heredibus, dicto militi et suis, videlicet
dictos viginti solidos in quatuor quarteronibus anni... et
dictum hominem de biano seu bie ad requestam dicti militis et suorum, de cetero perpetuo annuatim. Cedens dictus
miles pro se et suis heredibus... dictis conjugibus presentibus et recipientibus pro se et suis heredibus et in eosdem
conjuges et heredes et successores suos transferens totaliter,
pleno jure, virtute et titulo hujus modi tradicionis et
ascensse quidquid juris, cause, accionis racionis possessionis... ipse miles habet, habere potest quocumque jure,
nomine, titulo, seu causa in predicta domo cum omnibus suis pertinenciis superius confrontatis, nec non et
contra ac versus quascumque personas racione et nomine
eorumdem. Nichil juris alicujus accionis racionis possessionis... dictus miles de cetero retinens in premissis traditis, nisi
dumtaxat dictos viginti solidos rendales et dictum hominem
de biano, ut est dictum et dominium directum... de et su-

---

moitié de certaine place, scituées d'ung cousté, pardevant la maison, qui
sont sizes en la ville de Pons, entre la maison que tient Arnault Berthommé,
dudit chevallier, d'ung cousté, de la part plus hault et à la maison et manoir
de Guillaume Tessier, bourreau, de la partie plus basse de l'autre costé entre certaine venelle par laquelle on va du chasteau de Pons vers la font
Richier d'un bout, et à une autre venelle par laquelle on va des *bancs* vers
la font Richier, le long des maisons qui furent à Jehan Saladin d'autre bout.

per quibus dictus miles promittit pro se... dictis conjugibus...
dare facere et prestare... totiens quotiens necessarium fuerit,
bonum, plenum, perpetuum, sufficiens et efficax guarimentum. Et quod dictis conjugibus et suis futuris heredibus
liceat et licebit et licitum erit premissa tradita et perpetuo,
ut predicitur, ascensata habere, tenere, possidere, jure hereditarie... explectare libenter, pacifice et quiete absque ali-
quali contradiccione, sub censu seu redditu supradicto et
absque aliquo alio censu redditu et servitute dicto militi nec
alicui alteri de cetero faciendo vel prestando. Et... obligavit dictus miles... bona sua hoc acto, inter dictas partes, et expresse
pro locuto, quod dictus miles premissa tradita... dictis conjugibus non poterit amovere, nec ipsi conjuges et sui heredes
ea nullo modo poterunt garpire nec quiptare nisi de licencia
et voluntate dicti militis vel suorum, dicti vero conjuges
premissa agnoscentes, et in hiis scriptis publice confitentes
fore vera, se accepisse et ascenssasse pro se et suis heredibus, a dicto milite, domum predictam, cum cameris
privatis, seu latrinis, et cum medietate placee predicte superius confrontate ad annuum perpetuum censsum (*comme
plus haut*), renunciantes dicti miles et conjuges, et eorum
quilibet, in hoc facto suo bene certiorati de premissis...
omni exceptioni doli mali, vis, metus et fraudis et de uno
acto et alio plus seu minus scripto... et dicta Maria beneficio
senatus consulti Villeyani, epistole divi Adriani, legi Julhie
et omni alieni jure in favore mulieris introducto et introdu-
cendo... supplicantes nobis predicto domino de Ponte qua-
tenus presentibus litteris sigillum nostrum magnum, quo
utimur in curia nostra de Ponte, apponeremus vel apponi
faceremus in testimonium premissorum. Unde nos predictus
dominus de Ponte, audita super premissis spontane confess-
sione dictorum militis et conjugum, et eorum cujuslibet, et
ipsorum quemlibet in jure, presentes volentes consencientes
et premissa fore vera puplice confitentes, prout ipsorum
quemlibet premissa tangunt et tangent in hiis scriptis, per

judicium curie nostre de Ponte condempnantur ad observantiam premissorum, et ad eorum cujuslibet supplicacionem et preces, sigillum nostrum predictum hiis presentibus litteris apponi fecimus in veritatis testimonium et robur perpetuum omnium premissorum. Actum presentibus Iterio decani de Avis, et Guillelmo Matiselli de Ponte, testibus ad premissa vocatis et rogatis et datum die lune post festum beati Michaelis, anno Domini millesimo cccᵐᵒ septuagesimo tertio. Constat nobis de rasuris solvere et est sub sigillo datum ut supra.

Johannes de Rupe, clericus, ita est.

X [1]

1375, 18 mai. — Vidimus dressé le 4 octobre 1661, par Vieuille, notaire royal à Saintes, en présence de dom Amand du Cauroy, prieur de Saint-Eutrope, de Daniel Friou et de Louis Daniaud, d'un acte de donation en date du 18 mai 1375, signé Etienne Vigier, par lequel noble homme messire Geoffroy de Rabaine, chevalier, seigneur de Pisani, « lequel de sa bonne volonté et certaine science, amour, affection à Nostre Seigneur Dieu et sa benoiste mère et au glorieux martir monsieur sainct Eutrope, et désirant d'estre ès prières et oraisons du couvent dudict lieu de Sainct-Eutrope de Xainctes... pour faire et célébrer chascun an perpétuellement par ledict couvent solennellement un anniversaire pour l'âme dudict chevallier et de ses parents on dict moustier... donne... quinze sols de cens ou rante deulz au dict chevallier, chascun an, sur les terres qui furent de monsieur Geoffroy Bœuf; item deux solz de rante, deulz au

---

1. Pièce analysée dans *Saint Eutrope dans l'histoire, la légende et l'archéologie*, 2ᵉ édition, page 126, par M. Louis Audiat (1887).

dict chevallier sur les communs cens du bourg de Sainct-
Eutrope de Xainctes, en la feste de puriffication Nostre-
Dame, chascun an, lesqueux choses ont esté accoustumées
à payer au dict chevallier jusques ores par la main du prieur
du prieuré du dict lieu Sainct-Eutrope... quarante sols de
rante et vingt salmes de vendange sur le fief Baudouin et
le tiers du sixte des fruits croissants sur les fiefs dessus la
font de Lousine Ribault, de Larselier et de tras la Grange,
le dict chevallier s'est desmis et desvestu... Monsieur Pierre
Decladuch, prévost moyne du dict prieuré de Sainct-Eutrope,
personnellement présent et acceptant pour et au nom du
dict couvan... Hélie de La Vouste, de Corme Réal, Gracyot
Vaylon, paroissiens et habitants du bourg de Sainct-Eutrope,
témoins. »

XI

Sans date, 19 novembre. — Ordonnance de Geoffroy de Rabaine, seigneur
de Pisany, capitaine général et sénéchal de Périgord et du Quercy. — *Parchemin (0.28 sur 0.10); devait être scellé originairement du sceau de
Geoffroy de Rabaine, sur simple queue de parchemin. Le sceau a été
coupé.*

Geffroy de Rabaine, chevalier, seingneur de Pissani,
capitaine général et senéchal de Péregord et de Querciu
par nostre sire le roy de France, au receveur du roy nostre
sire à Caours ou à son lieutenant, salut.
Come par révérent père en Dieu monsieur l'arccvesque
d'Aux, lieutenant du roy, nostre sire, nous soient estez
assignez touz les deniers appartenans au roy, nostre sire,
en ladite séneschaussée, tant de recepte de subcides que
d'autres revenues, et, à présent, il soit nécessité aitant, de
yceulz diz deniers couvrer et avoir pour distribuer aux gens
d'armes, qui sont sous nostre gouvernemant, nous vous
mandons et commandons en enjoignant estroitemant, et sur

tout quanque vous vous povez meffere envers le scingneur, que tantost ces lettres veues, et sans nule delay, vous baillez et livrez à nostre bien amé monsieur Guillaume, prieur et sire de Catus toutz les ditz deniers de vostre ditte recepte que aurez ni pourrez avoir, tant de ycelle que des subcides ou autremant, povans appartenir au roy, nostre sire, en la ditte séneschaussée, en prenant de luy nostres lettres de quiptance, par lesquelles vous sera rebatu de vostre recepte et alloué en vos comptes et guardez. Que en ce n'ait point de deffaut: quar, si il estoit, le roy y prandroit tel dommage que bonnemant ne se pourret réparer.

Donné à Guordon, souz nostre propre seel, le XIXe jour de novembre.

Par monsieur le séneschal.   J. HENRIE.

Au dos, d'une écriture du XVIIIe *siècle :*

Cet ordonnance doit estre, selon les apparances, de l'an 1388, qu'il y avoit grande guerre en les archeveschés d'Ausch et de Bourdeaux et pays de Poictou, Xaintonge, Perigord et Querci pendant le schisme du pape Clément VII, d'Avignon, et le pape Urbain, de Rome ; ou bien en les années 1405 ou 1406 pendant aussi le schisme du pape Benoist XIII, d'Avignon, nommé de La Lune, que le duc d'Orléans et le duc de Berri protégeoient, dès le 24 septembre 1394, qu'il fut créé pape d'Avignon, lequel pape de La Lune avoit créé cardinal et archevesque d'Ausch, Jean de Lescun, bastard de Bernard, conte d'Armaignac ; lequel conte Bernard d'Armaignac et Charles d'Albret, connestable de France, commandoient en Guienne, soubs le duc Louis d'Orléans, à la fin de l'an 1405, que l'on pressa la recepte des grandes subcides et icelles qu'avoit faict imposer le duc d'Orléans, contre lequel la France murmuroit beaucoup, et à cause duquel murmure le roy Charles, dès le mois d'aoust, ordonna que l'on ne payast plus les dicts subcides et tailles ni

ceux que l'on payoit en France au pape Benoist de La
Lune [1].

XII

1473, 14 novembre [2]. — Hommage rendu à Jacques de Pons par Lambert de Rabaine pour les fiefs qu'il possède à Pons, Pérignac, Chadenac, Biron [3].

A tous ceux... Pierre (*nom illisible*), licencié ès loix (*suite
illisible*), pour très noble et très puissant seigneur monseigneur dudit lieu, vicomte de Turenne, seigneur des ylles d'Olleron, Marennes, Arvert, Brouhe, Chessoux, Hiers, et des terres
et seigneuries, villes, chasteaux et chastellenies de Royan, Mornac, et Lambert de Rabayne, escuier, salut en Nostre Seigneur pardurable. Sçachent tous que je, ledit Lambert de
Rabayne tenir advouhe et publicquement recongnois, par ces
présentes, dudit très noble et très puissant seigneur messire
Jacques de Pons, chevalier, seigneur dudit lieu, mon seigneur,
à cause et pour rayson de Anne de Montlieu, damoyselle, ma
femme espouse... au devoir et achaptement d'ung esperon
(?)... ledit Lambert... confesse et advouhe... et tenir de mondit seigneur toutes les choses et biens qui s'ensuyvent. C'est
assavoir : vingt soulz et six deniers de rente, deux de luy pour
deux maisons et vergier et leurs apartenances, assises en
la rue du Chastel-Vevin [4], entre la maison que soulloit tenir
Catherine Es bote (?) et la maison que soulloit tenir Pierre

---

1. Nous ajouterons que d'après un passage du manuscrit de l'*Histoire de
la maison de Beaumont*, le sénéchal de Périgord se nommait, en 1389,
Perceval d'Aineval.
2. Cette date est en marge.
3. Ce document incomplet, sur papier, est en grande partie illisible : le papier pourri, déchiré, l'encre presque blanche. Cette copie a dû être faite au
XVIᵉ siècle.
4. Pour tous les noms de rues, à Pons, voir le tome IX, *Chartrier de Pons*.

Guedon, lesquelles maisons soulloit tenir ledit Pierre Guedon, et deampuys les a tenues Picquart, le guerrier, pour cause de sa femme. Item, dix soulx de rente, deux sur ung mayne assis à Fuslapy, entre la venelle de Fuslapy, d'une part, et la maison qui fut de Pierre Sautre, lequel vergier soulloit tenir Arnault.   Item, troys soulz de rente, lesquelz doit Pierre Cailaud, sur une maison et mayne, assise en la rue des Ysles, entre le four qui fut de Giraud (*ou Girard*) Grousse, d'une part, et la maison de Guillaume Giraud, d'autre. Item, troys soulz de rente sur deux maisons et vergiers assises en la Chabrure, lesquelles maisons sont contenues davant une cave sure une roche. Item, dix et huyt deniers de rente assis sur une maison et vergier, assise près Fuslapit, entre le chemin par où l'on vait de Fuslapit vers Sainct-Vivien, d'une part, et la maison qui fut de Pierre.   Item, treze deniers de rente sur ung mayne, assis à Gavens (?) que soulloit tenir Helyot Guedon. Item, deux soulx de rente sur ung mayne, assis à Chasteau-Vevin, jouxte la maison de 'maistre Guillaume Bernard, que soulloit tenir Boutineau. Item, deux soulz de rente sur ung mayne assis à Gavens, que tiennent les héritiers de Giraud Bonel. Item, six soulz de rente, c'est assavoir deux soulz sur deux cassaulx assis près les aires. Item, deux soulz quatre deniers sur mes terres assises près l'ousure de Laleu et six deniers.

Item, vingt soulz de rente, des quelz dix sont assis sur ung mayne assis à Fuslapiz, et les autres dix soulz, sur une maison, assise entre la maison messire Aymart Regnault, chevalier, d'une, et la rue par où l'on voit vers le chastel de Pons, d'autre. Item, vingt soulz de rente sur une maison et four, assise en la rue des Ysles, entre la maison de Joffroy Maussel, d'une part, et la maison de Regnault Gausse, d'autre . Item, ung denier de rente sur la maison où demeuroit Portauld en la rue Fruche (*le reste rongé*) [1]. Item, cinq de-

---

1. Fruchelière. *Chartrier de Pons* dans *Archives*, t. IX.

niers de rente sur une maison qui fut de Raymond Faure, en la rue de Lasputas, jouxte la maison qui fut à Jehan Vallée, marchand. Item, cinq deniers de rente qui fut de La Bérarde, en la rue de la place. Item, trente troys soulz de rente sur la maison tenante à la maison de ladite Berarde, en ladite rue. Item, cinq soulz de rente sur la maison où demeure maistre Arnault Breslon, en la rue du Moulin-Comptreu. Item, douze deniers de rente sur la maison qui fut Girault, près la Fontacherie. Item   Boutinaud, en la rue de Chasteau-Vevin. Item, deux soulz de rente sur le mayne que tient Pierre Ysave à Feulapiz. Item, quatre soulz de rente sur une mothe assise jouxte les coux où soulloit estre maison, qui estoit du prieur de Sainct-Martin.

Item, un lieu assiz en la paroisse de Chadenac, appellé le fieu de Sabloy qui soulloit valoir cinq quartières de froment de rente, de quoy aujourd'huy ne se paie rien. Item, est le lieu en la Tousche ou boys appellez (?) la Tousche des ysles..... Item, un prat appellé du Fraigne qui contient six quarterons ou environ. Item, les terres appellées la Rouze Item, unes maisons maynes et terres assises à Bruilli (?) jouxte lesdittes terres de la Rouze qui souloient valloir vingt quartières de froment de rente et douze chappons de rente, et aujourd'huy povent bien valloir quatre quartières de froment de rente et six chappons de rente.   Item, unes terres, prez et vignes cultivées et incultes, assises ès paroisse de. de Monthignac et Sainct-Seurin de Pallennes, qui soulloient valoir vingt quartières de froment de rente et vingt soulz de rente, et aujourd'huy povent valloir six quartières de froment de rente et vingt soulz de rente. Item, advouhe moy tenir de mondict seigneur soulz l'ommage et devoir susdict la quarte partie de la moytié de la haute justice basse et moyenne, qui est commune entre mondict seigneur et les autres parsonniers en la paroisse de Pérignac... Item, la quarte partie de la moytié des agrières communes entre mondict seigneur et les aultres parsonniers en laditte parroisse de Perignac, que soient en bled et en gelines et autres choses et droitz, quelxconques. Item, ung lieu appellé d'Orville, assis en laditte parroisse et unes terres et vignes cultivées et incultivées, assises au lieu de Chantreloup et de Pererou, qui estoient propres dudict monseigneur, pour qui soulloient valloir huyt quartières de froment de rente et cinq rases d'avoyne et quatre soulz de rente, et aujourduy peuvent valloir quatre quartières et ung boiccau de froment de rente et deux (?) rases d'avoine et deux soulz de rente. Item, unes terres assises à la Chatres, lesquelles soulloit tenir Giraud Bourdon à cens d'ung chapon et demy et seize deniers...

(Le manuscrit devient de plus en plus illisible. On lit les noms des paroisses de Courcoury, de Chadenac et Biron).

XIII

1485, 3 juin. — Transaction entre Hélie de Saint-Hermine, chevalier, seigneur du Fa, et Jean de Rabaine, écuyer, Françoise de Saint-Hermine, sa femme, Jeanne de Saint-Hermine, à cause de la succession de Jean de Saint-Hermine et Marguerite Goumard, leur père et mère. — *Copie, sur papier, non vidimée, faite probablement vers la fin du XVIIIe siècle [1].*

A tous ceux... l'archidiacre de Saintonge en l'église de Saint-Pierre de Saintes, salut. Sçavoir faisons que par devant le notaire cy souscript, juré de nostre cour, ont estés en droit presans et personnellement establis, messire Hélie de Sainte-Hermine, chevailler, seigneur du Fa, d'une part, et noble homme Jean de Rabayne, escuyer, Françoise de Sainte-Hermine, damoiselle, sa femme, ledit de Rabayne, tant de sa ditte femme que à cause, en nom et comme pro-

---

1. Il est manifeste que le traducteur n'a pas toujours rendu très exactement l'original. Exemple pris dans la formule ordinaire de la fin : « et mesmemant les dittes femmes à l'aide du bénéfice de *Velloyen* (Velleien) à l'espitre de Dimadrien (traduction de *divi Adriani*) à la loi de Julie Cenac consult... (pour senatus consulti). »

cureur suffizemmant fondé de procuration de Jeanne de Sainte-Hermine, sœur dudit seigneur du Fa et de ladite Françoise, d'autre part, lesquelles parties mesmemant ladite Françoize o l'authorité, congié, volonté et assentement dudit de Rabayne, son seigneur et mary époux, qui l'a sur ce bien et dhuement authorisée... de leurs bon gré, bonne et agréable volonté, touchant certain appointemant, transaction et accord faits entre les dittes parties, passé par Jean Chevallier, cler nottaire royal, en son vivant juré sous le scel estably aux contracts en la ville et cité de Xaintes pour le roy, nostre sire, à cause et pour raison de la succession de feus Jean de Sainte-Hermine et Marguerite Goumarde, père et mère des dittes Françoise et Jeanne de Sainte-Hermine, et aussi dudit messire Hélie de Sainte-Hermine, et par lequel accord et appointemant fait, fust dit et passé entre les dittes parties que ledit messire Hélie de Sainte-Hermine bailloit et délaissoit... pour tout le droit, raison, action, titre eschoitte et succession paternal et maternal quels conques que aux dittes Françoise et Jeanne de Sainte-Hermine leurs pouvoit et devoit ou pourroit ou devroit eschoir... la terre et revenu des cens, rentes... qu'il avoit, et à luy compettoit et appartenoit ès terres fiefs et seigneuries d'Oysson et en toute la chatellenie de Pons, et le fief appellé le fief d'Archiac, situé et assis ès ville et chatellenie de Pons et de Tonnay-Charante, avecques toutes et chacunes leurs appartenances et dépendances quelsconques pour en jouir perpétuellement par les dittes Françoise et Jeanne de Sainte-Hermine, ses sœurs, et d'elles ayant cause, o ce toutefois que les dittes Françoise et Jeanne de Sainte-Hermine seroient tenues de acquitter, bailler et payer à Jean Goumard, seigneur d'Eschillés, pour et à l'acquit et descharge dudit messire Hélie de Sainte-Hermine et des siens, la somme de deux cens escus d'or, en laquelle somme ledit chevailler avoit affecté et hypoteiqué audit Goumard ladite terre, fief et revenu dudit fief d'Archiac, en ladite chatellainie de Taunay-Charante pour

aucuns de ses affaires, et ce dedans le jour et feste de noël
en suivant, et en outre de bailler et payer audit chevallier
la somme de soixante et quinze livres tournois qui estoit, en
toute somme, quatre cent livres tournois, ou de l'acquitter
d'icelle ditte somme de soixante quinze livres envers André
Robert et Mace Gorrion, fermiers de laditte terre et revenu
d'Oysson. Aujourdhuy datte de ces présantes lettres, les
dittes parties establies en droit, assçavoir est ledit chevallier,
pour luy et les siens... lequel a voulu et consenti que les
dittes Françoize et Jeanne de Sainte-Hermine, ses sœurs,
baillent et payent audit seigneur d'Eschillés laditte somme
de soixante et quinze livres tournois, laquelle somme de
soixante et quinze livres tournois les dittes damoizelles
estoient tenues bailler et payer audit chevailler ou l'acquitter
de la ditte somme envers Mace Gorrion et André Robert,
jadis fermiers de laditte terre et seigneurie d'Oisson, avecques ce laditte somme de deux cens escus d'or mentionnés
au dit appointemant, qui est en somme toute la somme de
quatre cent livres tournois, en laquelle somme les dittes
damoizelles seront tenues audit seigneur d'Eschillés, rendre,
payer et nombrer dedans la fin de ce présant mois, et en
baillant laditte somme de soixante et quinze livres audit
seigneur d'Eschillés, demeureront quittes tant envers leur
frère que envers lesdits Gorrion et Robert, fermiers susdits
et les leurs. Item a promis ledit chevailler faire jouir ses
dittes sœurs dudit fief ou terre d'Archiac, de laditte terre
de Taunay-Charante... (*formules*). En tesmoins de ce les
dittes parties en ont fait faire entr'elles ces présantes lettres,
quant à faire foy et preuve des dittes choses scellées à leur
supplication et requeste du scel dudit archidiacre, en la
jurisdiction duquel ils ont soumis et soumettent les dittes
choses par eux dessus obligées quant à ce. Et nous ledit
archidiacre à la supplication et requeste des dittes parties,
et à la féalle relation des dits nottaires cy souscrits pardevant lesquels les dittes choses ont esté connues et confessées,

passées et accordées, et pour icelles tenir fermes et stables
et de non jamais faire ne venir encontre, les dittes parties,
et chascune d'icelles ont esté jugées et condemnées de leur
consentemant et volonté par le jugement et condemnation
de notre ditte cour, ainsi qu'ils nous ont dhuement certiffié,
à eux donnons et ajoutons pleinière foy et preuve. Le scel
de notre dit archidiacre, que nous gardons, à ces presantes
lettres avons mis et appousé en tesmoins de vérité. Ce fut
fait et passé en laditte ville de Pons, le troisième jour du
mois de juin l'an mil quatre cens quatre vingt et cinq.
Signé : M. Juret, et E. Micheau, nottaires, avec paraphes.

XIV

1491, 15 novembre. — Donation par Jeanne de Rabaine et son mari, à
l'abbaye de Sablonceaux, d'une chapellenie fondée en la chapelle de Saint-
Léonard de Pisany. — *Copie sur papier.*

« Comme par cy devant damoizelle Jeane de Rabayne, dame
de Pisany, à présant femme de Loubat de Méritain, escuyer,
pour le salut de son âme et de ses parans et amis trespassés,
heust fondé et dotté certaine stipandie ou chapelanye en l'honneur de sainte Barbe, à estre desservie de deux messe par
chescune semaine ez jours de dimanche et tel que adviendra
la feste sainte Barbe en la chapelle Sainct-Léonard dudit
Pisany [1], et pour dotation d'icelle heust assigné ou délibéré
de assigner et délaisser à icelle chapellanye ou stipandie
touttes et chescunes les dixmes qu'elle tient d'ansiennetté, no-

---

1. Pisany ne fut érigé en paroisse que cent ans plus tard, 27 août 1599.
Constitution par M. de Pisany (Jean de Vivonne) d'une rente de 50 écus d'or,
pour l'entretien du curé de la nouvelle paroisse dont il vient d'obtenir l'érec-
tion du pape, sous l'invocation de saint Jean-Baptiste, au lieu de Pisany, qui
n'avait antérieurement qu'une simple chapelle. (*Mss. de la bibliothèque de La
Rochelle*, n° 662, fol. 16).

blement, par hommaige du roy, à certain debvoir noble, et qu'elle a accoustumé prandre et percepvoir et ses prédécesseurs en ceste partye, et tel et sy longtemps qu'il n'est mesmoire du contraire audit lieu, terre et seigneurie de Pisany.... » la dite Jeanne de Rabaine autorisée par son mari « lesquels considérant la grande ansienne fondation de l'abbaye de Sablonceaux, fondée en l'honneur de Dieu et de Nostre-Dame à laquelle, ainsi qu'ils disoient, ont grande et fervante dévotion, aussy le grand et notable service divin quy c'est faict en laditte abbaye par les religieux d'icelle tant de jour que de nuict, pour les cauzes susdites et autres justes et raisonnables ad ce les mouvans pour et affin d'estre participans èz bienfaitz, prières et oraisons d'icelle abbaye, ont délaissé, donné, ceddé, transporté... aux vénérables religieux et couvan d'icelle abbaye, par pure, saimple et irrévocable donnation faitte entre vifs, vénérand père frère François Ardillon, abbé, René Joubert, religieux et infirmier, et Firmin Simonneau, aussy religieux et procureur de la ditte abbaye... le droit, non, raison actions propriété qu'ilz ont, avoir peuvent et doibvent en la chapellanye ou stipandie... lequel religieux sera tenu desservir la dite chapellanye en la dite chapelle Sainct-Léonard de Pisany... Faict à Saintes en présence de Antoine de Brutail ».

XV

1493, 29 janvier. — Lettres royales [1] autorisant Jean et Renaud de Rabaine, et Jean de Rabaine, leur oncle, à reprendre une instance en partage contre Jeanne de Rabaine, et Loubat de Méritain, son mari. — Expédition sur papier [2] : écriture du XVIᵉ siècle, en partie effacée, surtout aux extrémités des lignes de chaque recto.

Charles, par la grace de Dieu roy de France, au premier

---

1. Cf. Mémoire, pièce XXXVII, §§ E, F, G, H, I.
2. Filigrane : S. Baccon.

nostre huissier de nostre parlement ou nostre sergent, qui
sur ce sera requis, salut. De la partie de noz bien amez Jehan
et Regnault de Rabayne, escuier, frères, et Jehan de Rabayne,
leur oncle, aussi escuier, consors en ceste partie, nous a esté
exposé que des pièça feu Geoffroy de Rabayne, en son vivant,
chevalier, fut conjoinct par mariage avecques feue Fenote [1]
de Sainct-Hastier, desqueulx et de loyal mariage furent néez
et procréez feus Jehan, Guillon, Marie et Homme de Rabaynes, lesqueulx Geoffroy de Rabaynes et Fenote de Sainct-
Hastier, longtemps a, allèrent de vie à trespas, vestuz et
saisiz de plusieurs grans biens, meubles, domaines, terres,
héritages et seigneuries, situez et assis tant au pays de Xaintonge que ailleurs, délaissant et se nomans lesdicts Jehan,
Guillon de Rabaynes et lesdictes Marie, Homme, leurs siens
héritiers, seul et tout, lequeulx tant par la coustume de ce
royaulme par laquelle le mort saisist le vif, son plus prochain
parent et lignager habille à luy succéder, que aussi par ap-
préhencion de faict, furent faictz vrays seigneurs et posses-
seurs des dicts biens chascun pour leur partie, part et portion, lequel Jehan de Rabayne, frère aisné des dessus dicts,
fut conjoinct par mariage avecques Jehannes de Mambier,
dont est yssue Jehanne de Rabayne, et ledict Guillon de Rabayne fut conjoinct avecques Isabeau Ardillone, dont sont
yssuz Lambert et Jehan de Rabayne et lesdictes Marie et Homme de Rabayne se contrindrent sans maris, lequel Guillon
de Rabayne alla de vie à trespas sans aucunement avoir eu
ne faict aucun partage ne devision de biens avecques les
dicts frères et sœurs, de là délaisséz lesdicts Lambert, Jehan
et Pierre de Rabaynes, ses enffans et héritiers seuls, et pour
le tout, en bas aige et moindre d'ans, après lequel trespas le-

1. Le texte donne *Surte*. Nous savons par ailleurs que le vrai nom est Fenote. Quant au mot *Homme*, il est impossible de lire autrement. D'ailleurs, le
copiste du xvie siècle nous paraît avoir mal transcrit certains passages dont
le sens est très obscur.

dict Jehan de Rabaynes, leur oncle, les princt et retira à luy et d'iceulx princt la ministration et tous pour chascuns leurs dicts biens, et depuis le dict Pierre de Rabaynes alla semblablement de vie à trépas, délaissez ses héritiers, seuls pour le tout, les dicts Lambert et Jehan de Rabaynes, ses frères et plus proches parens et les dicts biens estans par indivis, et semblablement les dictes Marie et Homme de Rabaines allèrent de vie à trespas, sans hoirs procréez de leur chair, délaissez leurs dicts héritiers, ledict Jehan de Rabayne, leur frère, pour une moitié, et lesdicts Lambert et Jehan de Rabaynes, leurs nepveux, et comme représentans ledict feu Guillon, leur père, pour l'autre moitié. Et certain temps après, les dicts Lambert et Jehan de Rabaynes, voulant avoir leur part et portion des dicts biens, apart et admis, obtindrent certaines lettres par vertu des quelles fut faict commendement à feu Nicholas Calph et à ladicte Jehanne de Rabaynes, sa femme, qui avoit succédé audict Jehan de Rabaynes, son père, de venir à partage, et de leur bailler leur part et portion desdicts biens et des fruicts d'iceulx, autrement comme est contenu par lesdictes lettres, combien que auparavant eussent sommé et requis ledict feu Jehan de Rabaynes de ce faire, et par raison de ce encoumencé procès, lequel s'estoit esdire, auxqueulx commendemens lesdicts Calph et Jehanne de Rabaynes, sa femme, s'oppousèrent et contredirent, par quoy jour leur fut donné et assigné pardevant noustre seneschal de Xainctonge ou son lieutenant, par lequel fut procédé par certains termes et assignacions, lequel procès ladicte Jehanne de Rabaine remonstra ou fist remonstrer ausdicts Lambert et Jehan de Rabayne qu'elle feust fille héritière dudict feu Jehan de Rabayne, son père, lequelle [1] avoit ja demuré par longtemps en mariage sans avoir ne porté lignée et ne espéroyt jamais en avoir, ne aultres héritiers, fors lesdicts de Rabaynes, en les priant que ne la voulsissent molester, par quoy

---

1. Il faut lire *laquelle*.

iceulx de Rabaynes, voulans la soulager et supporter, espé-
rant qu'elle se gouvernast bien et honnestement et alliennast
lesdicts biens, ont différé et surçoyé de poursuivre ledict
procès, lequel est demeuré assoupi par aucun temps, et à diverses foiz et despuys voyan ladicte Jehanne de Rabayne avoir
entre ses mains tant de biens meubles, le chasteau et chas-
tellennie de Puyzani, la seigneurie des Poussaulx et autres
plusieurs domaines et signeuries, vallans de revenu de sept
à huixt cens livres tournois par chascun an, a alliéné et dis-
traict plusieurs belles pièces desdictes successions, comme
une personne indigne, a faict plusieurs distractions et dilapi-
dations des dicts biens et choses, et néanmoins, volant vivre
à sa plaisance, espouse et prins pour mari ung jeune gendarme et vagabond, incongneu et estranger, qui n'avoit vail-
lant ung tournois, ne aucun paren, ne amis de cognoissance,
lequel l'a prins à femme pour cuider avoir d'elle tous et chascuns lesdicts biens, et en frustrer ses vrays héritiers. Et de
faict chascun jour pour ce qu'elle est fort aagée [1] et subgecte
à maladie, la séduict et enorte et faict séduire et enorte par
interposées personnes, de vendre, allienner et transporter
sesdicts biens, affin qu'il puisse recouvrer et avoir l'argent qui
en ys [2] et provient et l'employer à acquérir aultres biens à
son singulier proffit, laquelle Jehanne de Rabayne qui est
simple femme aagée et aisée à decevoir, pour complaire à
sondict mary se consent à tout se qu'il veult, et à ce moyen
il s'esmoye et enquiert chascun à qui il poura vendre et alien-

---

1. Le reproche n'est pas exagéré: car déjà, en 1477, Jeanne était vieille
et infirme. « Cette dame, dit Courcelles, XII, p. 8, article Montalembert, en
raison de son âge et de ses infirmités, n'ayant pu satisfaire, dans le temps
prescrit et en personne, à ses devoirs de vassale du roi, en lui rendant foi et
hommage lige et lui prêtant serment de fidélité, pour son château et terre et
seigneurie de Pisany, mouvant de sa majesté, à cause du château de Saintes,
elle en fut relevée par lettres patentes de Charles VIII, du 9 mars 1483,
vidimées le 5 mai 1484, par Hardouin, seigneur de Maillé, chevalier, chambellan du roi et sénéchal de Saintonge. »
2. Mot presque effacé, y et s sont très apparents.

ner tous les dicts biens, es queulx lesdicts exposans ont leur part et portion, comme dit est et qui sont contencieulx par-devant ledit seneschal de Xainctonge ou son lieutenant, qui seroit les frustrer de leurs dictes part et portion desdits biens, et aussi de la succession de laditte Jehanne de Rabaine, qui leur doict obvenir et eschoir, comme ses plus prochains pa-rens et lignagiers, en leur très grant grief, préjudice et do-mage, et plus pourroit estre, si par nous ne leur estoyt sur ce pourveu de noz grace et remède convenables, humblement requerans iceulx. Par quoy, nous, ces causes considerés, qui desvons subvenir à noz subgects scelon l'exigen des cas, te mendons et commendons par ces présentes, que ladicte Je-hanne de Rabayne et sondit mary tu adjourne à certain et competant jour, pardevant nostre seneschal de Xainctonge, ou sondit lieutenant, pour venir procéder audit procès, sce-lon les derniers pactes darriement [1] faicts en icelluy, autre-ment, ainsi qu'il apartiendra par raison et   et

audit jour nostre dit séneschal, ou son dit lieutenant de tout ce qui faict à cas [ ] suite, auquel nous mandons et pour les causes dessusdites commettons, que si parties com-parans pardevant luy ou procureurs pour elles, si il luy apparoit de ce que dit est, et mesmement, dudit procès ainsi ancommancé pardevant luy pour raison desdits biens, et du movais gouvernement de laditte Jehanne de Ra-bayne, et qu'elle, comme femme indigne, ait follement dis-traict, dilapidé et alliené lesdits biens ou parties d'iceulx, et aultres chouses dessusdittes, en ce cas, elle préallablement pourveue de curateur, faute icelles personnes procéder et aller avant audit procès scelon les derniers actes et arre-mens, et aultrement ainsi qu'il verra estre à fayre pour rai-son, en leur interdisant cependent toute alliénation d'iceulx biens, et laquelle, pour les causes dessus dittes leur voulons

----

1. A partir de ce point, la plupart des fins de lignes deviennent illisibles, rongées ou effacées qu'elles sont.

par vous estre interdicte et deffendue, interdisons et deffen-
dons, et cestez nos présentes et ladite interdiction publier,
notiffier et fayre assavoir au dessus dicts, et autres qu'il
appartiendra, en manière que nul ne puisse prétendre juste
cause d'ignorance, jusques à ce que par noustre seneschal
justice autrement en soyt ordonnée. Si aucune chouse avoir
esté faicte contraire, le tout il reppare et remecte ou face
réparer et remectre tantoust, sans délay, au premier estat
et deu ; et au surplus ausdittes parties oyes face rayson et
justice : car ainsy nous plaist-il estre faict, nonobstant inter-
ruption et discontinuation dudict procès ou partage depuis
quinze ou vingt ans en sa, qui nous voulons nuyre (*sic*) [1] de
droict us stille, et quelconques lettres subreptices impétrées
ou à impétrer à ce contraires. Mendons et commendons à
tous nos justiciers officiers et subgects que à toy, en ce faisant (?), soyt obéy. Doné à Bourdeaux le xxixe jour de janvier l'an de grace mil iiiic iiiixx et treze, et de nostre règne
le unziesme.

Jehan, vicomte de Rochechouard et de Broullay, seigneur de Thaunay-Charente, conseillier et chambellan
du roy, nostre sire, et son séneschal en Xaintonge,
au premier sergent royal ou clerc d'icelluy, sur ce
requis, salut. Receu avons les lettres du roy, nostre sire,
ausquelles ces présentes sont atachées, soubz le scel de la
ditte séneschaucéc, obtenues, impétrées, à nous présentés
baillées de la partie de Jean et Regnault de Rabaynes,
escuiers, frère, et Jchan de Rabayne, leur oncle, aussi escuier, par vertu et auctorité desquelles nous vous mandons que vous faictes inhibitions et deffense, de par le roy,
nostre sire et nous sur certaines et grans paines au dict seigneur à apliquer, à Loubat de Méritain et Jehanne de Rabayne, damoyselle, sa femme, et chascun d'eulx, qu'ils

---

1. La formule ordinairement employée est plus compréhensible : « nonobstant rigueur de droict. »

n'ayent à alliéner, vendre, ne aucunement transporter aucuns biens demourés des décès et trespas de feuz messire Geoffroy de Rabaine et Fenote de Saint-Hastier, requis par cédulles atachés aux poteaux des lieux acoustumé à fayre tels inhibitions et deffenses et par voy publicque, si mestier est, tellement que aucun n'en puisse prétendre juste cause d'ignorance. Et de ce fayre vous donnons plain pouvoir, auctorité, commission et mandemant especial et nous fassiez de voz exploix deue relation. Donné à Xainctes, soubz le scel de la seneschaussée, le cinquiesme jour de fevrier l'an mil IIII^c IIII^{xx} et treze.

A noble et puissant seigneur, monsieur le séneschal de Xainctonge, monsieur vostre lieutenant ou assesseur, à vostre siège de Xainctes, Micheau Moreau, sergent du roy, nostre sire, en ladicte seneschaucée et le vostre, tout honneur (*mot illisible au bout de la ligne*) avecques deue obeissance nousdits seigneurs. Plaise vous sçavoir que par vertu et auctorité de certaines lettres royaulx, esquelles ma présente relation est atachée, obtenues impétrées à moy baillée, de la partie de Jehan et Arnauld de Rabaynes, frères, et Jehan de Rabayne, leur oncle, escuier, et consors en ceste partie, nomez en icelles et à sa requestes, je, le VIe jour de fevrier, l'an mil IIII^c IIII^{xx} et treze, me transportay au chasteau de Pizany, où illecque par une cedule, escripte et signée de ma main, par moy mise et apposée à la porte dudict chasteau de Pizani, que aussi parlant à la personne de Jehanne de Rabayne, damoiselle, femme de Loubat de Méritain, escuier, de adjournement ausdicts de Meritain et Jehanne de Rabayne, saditte femme, et chascun d'eulx, à estre et comparoir par devant vous mondict seigneur vicomte, lieutenant ou assesseur, à vostre siège de Xainctes à vos prochaines grans assises, pour aller procéder au procès mentionné ès dictes lettres, les derniers actes et ajournemens faiz en icelluy et autrement ainsi qu'il apartiendra par raison, et en oultre par vertu de vos (?) lettres exécutoires, atachées esdittes lettres royaux leur fais inhibition, deffense de par le roy, nostre sire, et vous, mondict seigneur, aux paines de cens marcs d'or ausdits seigneur à appliquer, ausdicts de Méritain et Jehanne de Rabayne, saditte femme, et à chascun d'eulx queulx n'eussent à aliener, vendre, ne aucunement transporter aucuns biens demourez des décès et trespas de feuz messire Geoffroy et Fenote de Sainct-Hastier, sa femme, ainsi que mondict mestier faire est. Laquelle cedulle prinst et leut la dicte de Rabayne, et me donne et baille par escript la response qui s'ensuit : Monsieur l'officier, j'entens bien ce que me dictes; vous me baillerez le double de vos lettres et le double de vostre relation et je monstreray le tout à mon conseil et je y feray response, telle qu'il appartiendra, et trouvoyray par conseil dedans le temps de raison, et me requist que son dire amploiasse en ma relation ce que lui auctroye. Et le lendemain, qui fut le viiᵉ jour dudict moys, notiffiay et fais assavoir au public à haulte voiz par Paulet Brisson, sergent de Taillebourg, ès deux principaulx lieux de la ville de Taillebourg, ladicte interdiction et deffense. En oultre par cedulle escripte et signée de ma main et par moy mise au poteau de la halle dudict lieu de Taillebourg, où l'on a coustume faire tieulx exploiz. Et pareillement signiffiay la dicte interdiction et deffense aux officiers de très noble et puissant Charles de Coétivy, de Taillebourg, assavoir est, au baillif et assesseur dudict lieu et à Christofle de Coytivy, escuier, maistre de scel dudict Taillebourg, et semblablement audit comte, parlant à ses dits officiers et à icelluy. Mesme jour, à son de trompe et cris public, signifiay, publiay et fais assavoir ladicte interdiction et deffenses ès villes de Sainct-Jehan d'Angely et de Xainctes, ès lieux acoustumez, par esdiz et aussi par cedulles, et le lendemain, en la ville de Pons, en plain marché, et par cedulle escripte de ma main, et aussi en oultre à honnorable homme et sage maistre Mathieu Juret, procureur de Pons pour mon seigneur dudit lieu, Pierre Chenu (?), procureur de la seigneurie de Berneul (?), pour le seigneur dudit lieu. Et tout ce, mondit seigneur, vous certifie estre vray par ceste ma présente relation, signée et cellée de mes seing et scel dont je use en mon office. Les jour et an que dessus. Ainsi signé : Moreau.

XVI

1500, 12 août. — Transaction, au sujet de la succession de Marguerite de Losme, entre Jean et Chardon Forestier, seigneurs d'Orignac, frères, Liette Forestier, femme de Jean de Rabaine, seigneur de Jazennes, père et mère d'Yvon de Rabaine, seigneur de Jazennes, mari de Marie de Sansac, et Merry Forestier, seigneur d'Orignac. — *Copie vidimée sur papier, faite le 3 septembre 1642.*

A tous ceux... comme plaicts et procés fussent des piéça mus et pendz en la cour de la séneschaussée de Xaintonge, au siége de Xaintes, entre nobles personnes Chardon [1] Fourestier, escuier, seigneur d'Orignac, demendeur et aconplignant, pour raison de trois cartes parties par indivis de tous et chescuns les biens dont mourut vestue et saizie feue damoizelle Marguerite de Losme, sa couzine, d'une part, et Chardon de Rabayne, aussy escuier, et de damoizelle Françoise de Puyguerauld, sa femme, d'aultre part, et aussy entre ledict Chardon de Rabayne, demendeur et requérant par lettres roiaux, pour raison de la moitié et indivis des biens et succession demeurés du décèps et trespas de feu Jean Fourestier, son oncle maternel, et frère dudit Chardon, d'une part, et ledict Chardon Fourestier, deffendeur d'aultre part, ès quelz procés a ce esté procédé entre les dictes parties en la ditte cour de la séneschaussée, par plusieurs termes et asignations, et tellement que on premier d'iceux procés, qui est pour raison de icelle ditte partie et portion

---

1. Voyez plus bas la pièce XXXVII.

de la ditte succession de la ditte feue damozielle Marguerite
de Losme, les dittes parties ont esté apointés contraires et
en enquestes faicte, au segon des dictz procés, resté à deffen-
dre par ledict Chardon Fourestier, et aussy du procés et
débas qui estoit aussy despièça meu et en espérance de
mouvoir entre ledict Fourestier d'une part, et feu Jean de
Losme, escuier, et Marguerite Foucaulde, damoizelle, sa
femme, père et mère de feue Marguerite de Losme, pour
raison de la moitié et le quint d'une moitié de la terre et
seigneurie de Mazotes, et de ses apartenanses et dépen-
denses, assize en la seigneurie et chastellenie de Bouteville,
aultreffois acquize par feu messire Hugne du Montier, durant le mariage de luy et de feue Béautrix Ferande, lequel
dict Fourestier disoit à luy competter et apartenir, par certains tiltres et moiens par luy déclairez. Si est ainsy que aujourdhuy datte de ses présentes en présence des notaires
soubz scripts ont esté présens et personnellement establis
Mery Fourestier, filz dudict Chardon Fourestier, seigneur
susdict, lequel a promis faire avoir agréable audict Chardon
Fourestier, son père, d'une part, et le dict Chardon de Rabayne, tant pour luy que pour Françoize de Puyguerault, sa
ditte femme, d'aultre part, lesquelles dictes parties non contrainctes, non desçues, non parforcées ni admonestées en
d'aulcune manière, de leur bon gré sont venues et condes-
cendues... à transaction et accord en la forme et manière
qui s'ensuict. C'est asçavoir que ledict Chardon de Rabayne,
esdicts noms et chescun d'iceux, sans bénéfice de divizion,
a promis et promect par ses présentes audict Fourestier
pour luy ses hoirs... pour tout droict, part et portion que a
icelluy Fourestier pourroict et peult competter et apartenir
en tous et chescuns ses biens et successions de la ditte feue
Marguerite de Losme, filhe desdicts feus Jean de Losme et
de Marguerite Foulcaude, quelques partz et en quelques
lieux et seigneuries elle soit scituée et ascize... la somme de
dix-huict livres tournois de rente annuelle et perpétuelle.

Lesquelles dictes dix-huict livres tournois ledict Chardon de Rabayne a assigné, bailhé et délaissé audict Fourestier sur ses tenanciers et homes qui s'ensuivent, asçavoir est, sur les Blanchardz et Taletz (*sic*) et le mestrier d'Anière cinq cartières de froment, mezure de Pons, quarante solz tournois, lesquelles cinq cartières et quarente solz tournois sont pour le prix de quatre livres tournois. Item, sur Babelot et ses parsonniers de Beluyre, à cauze d'ung pred, assis en Barate, vingt-deux solz six deniers tournois et deux chapons pour deux solz tournois... [1] Lesquelz cens et rentes sont des cens et rentes et devoirs demourés de la ditte succession de la ditte de Losme, et·qui luy conpettent et apartiennent et dont les dicts Chardon et sa femme joyssiant et qui avoient acoustumé tenir noblement et en homage de très noble et puissant monseigneur de Pons. Et en oultre ce ledict Chardon de Rabayne c'est dézisté... au proffict dudict Fourestier... du dict procès par luy intenté... pour raison de la moitié des biens et succession du dict Jean Fourestier, père dudict Chardon Fourestier et oncle maternel dudict de Rabaisne, ensemblement de tout le droict nom raison... par icelluy de Rabayne prétendu et demandé esdicts biens et succession de feu Jean Fourestier, sy droict il y avoict et pouvoit prétendre et avoir, à cause de feue Liette Fourestier, sa mère, et sœur desdicts feus Jean et Chardon Fourestier, et quelque part qu'iceux dictz biens et succession soient scituées et assis, sauf et excepté en païs de Languedoc, et icelles dittes choses susdittes divizées et déclairées avoir, tenir, uzer... Et baillera ledict Fourestier audict de Rabayne par inventaire les lettres, tiltres qu'il a touchant Mazotes,

---

1. Cette énumération de rente est très longue et n'offre guère d'intérêt. Voici les noms de fiefs cités : un pré en Gouterolle, une maison au Coulombier, un pré auprès du moulin d'Anière, un pré aux Combes, une pièce de terre près la Croix-Chadeboure, « une maison assize en la rue Fillacière », une terre en Puyrois, « une vigne assize en la ville », une « maison assize à l'escorcherye ». Il est probable que c'est à Pons, mais le texte ne le dit pas.

lesquelz ledict de Rabayne pourra faire doubler et collationner aux originaux pour s'en ayder et luy valoir comme de raison, et ce faict bailhera et rendra les originaux audict Fourestier, sauf une lettre d'arbitrage, aultreffoiz passée et acordée entre lesdictz Fourestier et de Losme et sa femme, passée par Jean Masse, notaire roial, dattée du vingtdeuxiesme jour de décembre mil quatre cens soixante et treze, par laquelle apert, entre les aultres choses, qu'il fut dict et acordé entre les dictz Fourestier et Jean de Losme et Marguerite de Losme et Marguerite Foucaude, sa femme, que s'il apparoissoit que messire Hugue du Montier et Béautrix Férande, sa femme, fussent .mariés et conjoincts ensemble, au temps et heure que la ditte donnation de la ditte terre et seigneurie de Mazote fust faicte audict feu messire Hugue du Montier, que ondict cas lesdictz conjoinctz, de sorte et des maintenant, consentz que lesdictz Chardon et Jean, son frère, jouissent de la part qui leur pouvoit et debvoit eschoir et apartenir, à cause de la ditte Béautrix Férande, en la terre et seigneurie de Mazotes, nonobstant quelque pocession qu'ilz heussent faict. Fera ledict de Rabaine ratiffier ce présent apointement à la ditte de Puyguerault, sa femme, dedans pasques... (*formules*).

Et fut faict et passé au lieu et ville de Pons le douziesme jour d'aougst mil cinq cens, ainsy signé : P. Pteau (*sic*).

Vidimé et colationné la présente coppie prinze sur une grosse, escripte en parchemin, signée et datté comme dessus, par nous notaires soubzsignés, et à nous représenté par Briand Le Fourestier, escuier, sieur de Lestage, luy ce requérant, comme y aiant intérest, entre les mains duquel la ditte grosse en parchemin est demeurée, non gastée visiée, ne raturé, avecq ces présentes, le troiziesme jour de septembre mil six cens quarante-deux.

BRIAND LE FOURESTIER. TREBUCHÉ, *notaire royal en Xaintonge.* BONNEAU, *notaire royal en Xaintonge.*

XVII

1501, 10 décembre. — Plaidoyer [1] pour Jean de Rabaine, seigneur d'Usson, contre Louis de Brutail (Conclusions des deux parties). — *Copie sur papier* [2]. — *La mention suivante a été ajoutée au XVIIIe siècle :* Pour la légitimation de Barbe Bernarde où est parlé de la généalogie et paranté du sieur d'Usson, Jean de Rabaine.

Entre Jean de Rabaine, escuier, seigneur d'Usson, appellant du senneschal de Xaintonge ou son lieutenant, aussy appellant ou provocquant de messire Francoys de Pons, chevalier, et de dame Margarite de Coetivy, sa femme, et de Loys de Brutailh tant en son nom que comme père et loyal aministrateur de Jehan et Lobate de Brutailh, ses enffans, Loubat de Meritain et Jehanne de Rabaine, sa femme, aussy demandeurs en matière d'interdiction, d'une part, et les dessus dits appellez ou intimez et provocquez respectivement et pour en partie et defendeurs d'autre.

Julien pour ledit Rabaine dit : que pieça il propousa ceans ses causes d'appel et provocation, aussy y avoir requis que par provision, pendant le procès, il fust inhibé et interdit à ladite Jehanne de Rabaine de ne vendre ne aliéner ses biens papoaulx et adjutins, et lesqueulx, par la coustume du pays, sont affectés et doyvent venir à ses plus prochains parans, et avoit esté pieça, et dès le parlement passé, ordonné que Arnault pour lesdits de Pons et Coétivy, Méritain et Jehanne de Rabayne viendroient défendre et pour ledit de Brutail, en la quallité qu'il procède. Toutteffois en refreschissant ses dites causes d'appel ou provocation il a employé,

---

1. Cahier de trente et une pages de répliques et dupliques où le latin alterne avec le français, les références aux commentaires et traités juridiques.

Nous ne reproduisons que les parties qui nous ont paru les plus intéressantes pour l'histoire des Rabaine.

2. Filigrane : un serpent ouvrant la gueule ; longueur, 65 millimètres.

et pour abregier employe, le contenu en son relévement
d'appel ou appeaulx, disans en outre que, lesdites appella-
cions et quelxconques inhibitions et défences nonobstant,
ladite Jehanne de Rabaine s'efforce chascun jour dissiper
vendre et alliener ses biens immeubles papouals[1] et adjutins
sans cause, ne necessité, et seulement en hayne dudit procès,
veulant frauder ceulx qui luy doyvent par la coustume du pays
notoyre [succéder], et jaçoit ce que autreffoys par auctorité de
justice interdiction *fuerat sibi bonis*, laquelle interdiction
luy avoit esté signiffiée, dont elle a déclaré céans en jugement n'avoir jamais appellé, par quoy le tout ait passé en
forme de chouse jugée... Par quoy concluant comme il dit
avoir fait autresfois, c'est assavoir que par arrest et jugement
de la court soit dit que contre Brutailh, tant que toucte
l'appel par luy interjecté, le séneschal de Xaintonge, ou son
lieutenant, qu'il a esté nullement *quia sine partis vocacione,*
et *in loco non solito* et a cachetes, procéda et aultrement, et
entend que touche la provocation, qu'il a esté mal faict,
jacté par ledit de Pons, de Coétivy, Méritain, sa femme, et
Brutailh, mal vendu et aliéné par laditte Jehanne et partant
bien appellé par sa partie et qu'il soit inhibé et interdit à
laditte Jehanne de Rabaine ses dits biens immeubles contre
et au préjudice de la coustume et des héritiers présomptifs
et que le tout qu'elle se seroit efforcé faire, mesme depuys
l'assignation de l'interdiction à elle faicte, soit repparé et
retracté et mis en premier estat, et que à ce faire et souffrir
toutes les parties soyent condempnées et contrainctes par
toutes voyes et manières deues et raisonnables et demandent
despens dommaiges et interets.

Dozingrave, pour deffences, dit que damoiselle Jehanne de
Rabaine, elle estant en viduité solue, et de maistre Guillaume
Bernard, seigneur de Chadignac, a esté née et procréé Barbe Ber-

---

1. Ce mot n'est pas pareil au même mot transcrit plus haut. Ils signifient
l'un et l'autre patrimoniaux.

narde, sa fille naturelle; dit que jamais ladite Jehanne de Rabaine
n'a eu aucuns autres enffans, ce voyant, et que ladite Barbe fut
parvenue en aige nubille, et qu'elle estoit de bonnes mœurs
et vertuz, et qu'elle fut mariée et avoit des enffans, et estoit
pauvre et n'avoit de quoy vivre et ses enffans, et que natu-
rellement luy estoit tenue, voulut que ladite Barbe, sadite
fille naturelle, fust légitimée. Par quoy ladite Barbe fist sa
suplication et donna bien à entendre les qualités de sa nati-
vité et légitimation, sans riens supprimer de tout ce qu'elle
devoit de droit donner entendre au roy, nostre sire, lequel
de sa plaine puissance et auctorité royal, légitima ladite
Barbe et luy octroya ses lectres de légitimation en deue
forme autentique, comme en tel cas appartient. Dit que
despuys ses lectres de légitimation furent devenues vérifiées
tant par la chambre des comptes que par messires les tré-
soriers de France avec les solempnités en tel cas requises.
Dit que despuys ladite Barbe Bernard porta ses dites lectres
de légitimacion au senneschal de Xaintonge, ou son lieutenant, on ressort duquel lesdites parties sont demourans, et
fut par davant luy adjournée la dite damoiselle Jehanne de
Rabaine, sa mère, aussy damoiselle Jehanne de Manbier (ou
Maubier) son ayeulle maternelle pour consentir ou disentir
l'entérinement desdites lectres de légitimation. Dit que à
ladite assignation qui fut le viiie jour du moys de jung, l'an
mil cccc quatre vingts xix, se comparut ladite Barbe Bernarde par son procureur et lesdites damoiselles Jehanne de
Rabaine et Jehanne de Manbier par maistre Jehan Mallier,
leur procureur, lesquelles damoiselles consentirent à l'entérinement des dites lectres de légitimation et déclarèrent
judiciairement qu'elles vouloient et consentoyent que ladite
Barbe ainsy légitimée succédast en tous et chascuns leurs
biens. Dit aussy que le procureur du roy en Xaintonge, a ce
appellé consentit à l'antérinement des dites lectres de légitimation parce qu'il cougnut qu'elles estoyent raisonnables
et deuement octroyées et expédiées, par quoy veuz leursdits

consentement et déclarations lesdites lectres de légitimation furent intérinées par ledit lieutenant dudit séneschal, et en icelluy intérinement déclara ladite Barbe estre deuement légitimée... et moyennant ladite Barbe a esté tenue et réputée personne légitime, telle s'est dicte nommée et portée et pour telle par sadite mère, aussy par ladite Manbier, son ayeulle maternelle et tels autres qui l'ont congneue, a esté pour telle nommée et réputée et a demouré paisiblement en ceste pocession et jouissance de légitimation par xviii ou xix moys entiers jusques à son décès et trespas, délaissez et à elle survivans ung filz et une fille, ses enffans et de loyal mariaige, mineurs d'ans et en bas aaige, ses universaulx héritiers en tous et chascuns ses biens, et lesquelz ses enffans aussy amprès le trespas de ladite Barbe, leur dite mère, ont joy de ses dits biens droitz pocessions jouissances ou ledit Brutailh leur père et légitime administrateur, tant en son non que pour non d'eulx, jusques à ce que ledict Jehan de Rabaine appellant, qui de ce ne peut avoir aucun intérets, xix moys amprès formélement s'est voulu dire appellant de l'intérinement de sesdites lectres de légitima-tion et se dit avoir tellement quellement relevé sa dite appellation en la court de parlement et sur ce a prins telles conclusions que bon luy a semblé seulement contre le sei-gneur et dame de Montfort et non contre lesdits de Manbier et de Brutailh ès dits nons... et pour respondre à ce que le dit appellant a voulu dire que ladite Jehanne de Rabaine est sa cousine et prouche parente et qu'elle a passé plusieurs contraictz pour la (le) frustrer à sucession, dit qu'il ne croit pas que ledit de Rabaine soit plus proche lignaigier de ladite Jehanne de Rabaine pour luy succéder, car n'est que en ligne collatéralle et les dits enffans de ladite Barbe sont des nepveux descendus de sa chaire et par ainsy ne se dit de ce le plus prouchain... [1]

1. En note d'une écriture du xviiie siècle: « *Nota.* Jeane de Rabaine, cou-

Julien pour repplicquer entend que touche les dits de
Brutailh, de Meritain, Jehanne de Rabayne et de Manbier
qui ont seullement défendu, repplicque... dit que la nullité
y est évidente; car veu la coustume du pays, par laquelle
entre nobles la succession des biens immeubles est affecté
proximis parentibus de branchaige, *in tentum* que sans
grant cause et nescessité *non possunt alienari saltem ultra
tertiam partam* (*sic*) et que ledit de Rabaine est *de proxi-
mioribus,* car est ledit de Rabaine cousin remué de germain
de la dite Jehanne et n'y a autre plus proche que luy qui
soit habille à luy succeder, par quoy ledit senneschal ne
pouvoit ne devoit procéder à interiner les dites prétendues
lectres de legitimation sans l'appeler et ouyr, *ymo* sans son
consentement exprès... La nullité est évidente *viso loco
privato* là où le prétendu interinement fut faict, c'est assavoir à Pyzany, soubz la cheminée, en la maison de la dite
Jehanne de Rabaine, partie averse, et devoit avoir esté faicte
en plain siége de Xainctes, *ubi majores soliti sunt scedere
et justiciam exercere* et non a cachetes *in domibus privatis...*[1]

XVIII

1503, 25 août. — Vente de Pisany à Arnaud de Tourretes, par François de
Pons et Marguerite de Coëtivy[2]. — *Copie sur papier.*

Comme par cydevant très nobles et puissans messire Francoys de Pons, chevalier, ou Colas de Corbon escuier, sei-

sine et proche parante de Jean de Rabaine, seigneur d'Usson, en ligne collatéralle, et les Brutails nepveux, autrement petits enfans de la dicte Jeane
de Rabaine. »

1. Les deux avocats continuent sur ce ton, l'un à nier les lettres de légitimation, l'autre à affirmer leur validité, tout en discutant la question de savoir
si Jeanne de Rabaine avait le droit de disposer de ses biens patrimoniaux.

La pièce XXXVII parle aussi de cette affaire, § I.

2. Cf. *Mémoire,* pièce XXXVII, § K, et notre article, la *Renaissance en
Saintonge,* t. XI de la *Revue,* p. 40.

gneur de Sainct-Legier, son procureur et dame Marguerite
de Coetivy sa fame, seigneur et dame de Montfort, eussent
acquis de Loubat de Méritain et de damoiselle Jehanne de
Rabaine, seigneur et dame de Pizani, c'est assavoir dudit de
Méritain les terres et seigneurie de Brassaulx, Varsay et La
Remade et la tierce partie de l'héritage de ladite (*sic*) de
Rabayne [1], que ledit de Méritain disoit luy appartenir, à certains tiltres et moyens faits et passez entre luy et ladite de
Rabayne, sa famme, et feue damoiselle Jehanne de Manbier,
mère d'icelle de Rabayne, moyenent certaines récompenses
que estoient tenuz en bailler audit Méritain lesdits seigneur
et dame de Montfort, o certaines condicions et restrinctions;
et oultre lesdits de Méritain et de Rabayne, sa fame, et la
dite feue de Manbier et Loys de Brutailh, tant en son nom
et comme légitime administrateur de ses enffans moindres
d'ans et de feue Barbe Bernarde, sa famme, eussent cédé et
transporté ausdits seigneur et dame de Montfort les chastel
terres et seigneurie de Pisani et les deux pars de ses héritages ensemble tout le droit, nom, raison, action, propriété,
pocession et seigneurie qu'ils avoient, avoir pouroient et
devroient, esdits chastels terres et seigneuries de Pisani,
Brassaulx, Varsay, La Remade, Pessines et des Rabainières,
domaines et héritages de ladite Rabayne... moyennant troys
cens livres de rente que lesdits seigneur et dame de Montfort estoient tenuz en bailler et payer ausdits de Méritain et
de Rabaine subjectes à rachapt et admortissement pour la
somme de quatre mil livres tournois... comme plus à plain
appert par les contractz sur ce faits et passez entre les parties, l'un du date du dixiesme jour de décembre mil quatre
cens quatre vingt dix neuf et l'autre du treiziesme jour du
moys et an susdit... Savoir faisons que aujourduy par davant
le notaire... ont esté présens et personnellement establys en
droit maistre Arnault Faure, bachelier ès droitz, et dame Mar-

---

1. Jeanne de Rabaine.

guerite de Coetivi dame de Montfort, d'une part, et noble et honnorable homme et sage maistre Arnault de Touretes, conseillier du roy, nostre sire, et président en sa court de parlement de Bourdeaulx et seigneur de Saint-Disent, d'autre part, lesquelx Faure en nom et comme procureur dudit très noble et puissant messire Francoys de Pons, chevalier, seigneur de Montfort... ont cedé transporté cèdent et transportent par ces présentes, pour lesdits de Pons et Coetivy, conjoings, pour eulz leurs hoirs... audit de Touretes présant et acceptant... toutes et chascunes les choses et chascune d'icelles à eulx cedées et transportées par lesdits de Méritain et de Rabayne et autres susdits... En oultre, a volu et consenti, et par la teneur de ces présentes veult et consent, icelluy de Tourettes, que certaine piesse de boys assise et située aux Chaulmez palastines et fief de Rabaynières, avecques une pièce de terre assise ondit fief de Rabaynière, contenant de huît à dix journaulx de terre ou environ, que tiennent à présent honnorables hommes et saiges maistres Geoffroy de Prahec et Jehan de Montgaillard licencié ès loix dont ladite pièce de boys (devoit *mot rongé*) à la seigneurie de Pisany troys sols tournois de rente et deux chappons et la pièce de terre au droit de terrage ou agrière demeurent quictes et franches de toutes rentes...

Fait et passé au chastel de Pons, en présence de nobles hommes Colas Disave, escuier, seigneur du Pin et de Lorignac, et Yvon Depont, bourgeois, demeurant à Pons.

REGNOU.

XIX

1504, *9 janvier.* — Abandon de fiefs, situés à Saint-Quentin de Ransannes et à Saint-Pallais de Phiolin, en faveur de François de Beaumont et Marguerite de Rabaine, sa femme, seigneur et dame de Cravans, par Yvon de Rabaine, tuteur de Madeleine de Rabaine, sa nièce. — *Copie faite au XVIIIe siècle.*

A tous ceux... le garde du scel royal estably aux contracts

en la ville et cité de Xainctes pour le roy... savoir faisons,
que pardevant Antoine Vergier, clerc notaire et juré de la
court du dict scel royal, et des tesmoings... comme par cy
devant feu noble homme Chardon de Rabaine, escuyer, seigneur de Mazotes, en son vivant, eust promis et fust tenu
à nobles personnes François de Beaumont, escuyer, et Margueritte de Rabaine, damoiselle, conjoincts, seigneur et damé
de Cravans, et à cause de la somme de neuf livres tournois
de rente perpétuelle, et leur en faire assiette sur bons lieux
compétans et solvables pour soustenir et porter laditte rente,
dedans certain temps lors advenir et pièça passé, et ce pour
tout le droit, nom raison, action proprietté et seigneurie qui
à iceux conjoincts, à cause d'elle pouroit compéter... tant
par droit de succession que advient, en tous les fiefs, seigneuries... tant de la terre et seigneurie de Mazotes que autres, demourés des successions décès et trespas de feue Marguerite de Losme, en son vivant damoiselle, dame de Mazotes, et moyenant les dittes neuf livres tournois de rente
lesdits conjoincts se fussent tenus pour bien contants apor-
cionnés et satisfaits des droits et succession, et y renoncie
au proffit, utilité et intention dudit feu de Rabaine et des
siens, et eussent promis pour eux et les leurs de jamais
autre chose ny quérir ne demander, aussi eust promis ledict feu de Rabaine leur bailher laditte somme de neuf livres
tournois en assiette... et les en faire jouir paisiblement, ainsi
qu'il appert et est plus à plain contenu par les lettres sur
ce faictes et passées entre eulx. Et soit ainsi que ledit de Rabaine, après lesdittes convenances et promesses soit allé de
vie à trespas sans faire assiette des dittes neuf livres tournois de rente auxdits conjoincts, ne leur ait payées par chacun an, comme faire devoit ne autre despuis leurdit appointement et en soient escheux les arrérages de (*blanc dans le
texte*) années et ait ledict de Rabaine, Françoise de Puyguerault, damoiselle, sa famme, vefve, et Magdeleine de Rabaine sa fille, et héritière seule et par le tout, mineur d'ans

et en bas aage, et aye laditte de Puyguerault esté puis na-
guères mariée avecques noble homme Jehan Chesnet, escuyer, seigneur de Meulx, et laditte Magdeleine, mineur,
bailhée en tutelle, gouvernement et administration de ses
biens et choses, à noble homme Yvon de Rabaine, escuyer,
seigneur de Jazennes, son oncle paternel, frère germain des
dits feu Chardon de Rabaine et Marguerite de Rabaine, et
aient lesdits de Beaumont et Rabaine, escuyer et damoiselle
conjoincts, sommé et requis lesdits de Rabaine, tuteur,
Jehan Chesnet et de Puyguerault, damoiselle, sa famme et
mère de laditte Magdeleine, mineur, détempteur desdits
biens et succession, de leur faire assiette desdittes neuf
livres tournois de rente, aussi leur payer les arresrages, qui
en estoient escheus du temps passé. Sçavoir faisons que aujourdhuy, pardevant ledit notaire... ont esté présents... Yvon
de Rabaine, escuyer, seigneur de Jazennes, et Jehan Chesnet, aussy escuyer, seigneur de Meulx, seigneur et mary de
laditte de Puyguerault, mère de laditte mineur, d'une part,
et noble homme François de Beaumont, escuyer, seigneur de
Cravans, seigneur et mari de laditte Margueritte de Rabaine,
damoiselle, d'autre part, lesquels, Yvon de Rabaine en nom
et comme tuteur de laditte Magdeleine de Rabaine, mineur
d'ans, sa niepce... ledit Chesnet, escuyer, tant en son propre
et privé nom... pour et en nom de la ditte de Puyguerault,
damoiselle sa femme, absante... ont fait et font par ces présentes assiette et assignation des neuf livres tournois de
rente ausdicts conjoints, à cause d'elle, ledict de Beaumont
stipulant et acceptant tant pour luy... que pour laditte de
Rabaine, damoiselle, sa famme, absante et comme son procureur... comme il a fait apparoir par lesdittes lettres de
procuration dattées du vint sisiesme jour de décembre l'an
mil cinq cens et quatre... c'est asçavoir qu'ils leur ont bailhé
et cédé et délaissé... esdicts noms, à perpétuité et à jamais...
les fiefs, territoires, domaines, cens, devoirs, appartenans à
icelle de Puyguerault, mère, et Magdeleine, sa fille, et de-

meurés de la succession dudict feu Chardon de Rabaine, qui
sont assises et scituées en et au-dedans des paroisses de
Saint-Quentin et Saint-Palais de Fiolain, les rentes qui leur
sont deuhes en deniers, à même prix qu'elles sont deues,
quartière de froment de rente, au prix de dix sols tournois
de rente, quartière d'avoine au prix de trois sols quatre deniers tournois, chappon au prix de douze deniers tournois,
poulle au prix de dix deniers, et journau de terre tenu au
droit d'agrière, au prix de deux sols tournois de rente chacun journau, et là où laditte somme de neuf livres tournois
de rente ne sera trouvée entièrement esditles deux parroisses, seront parfournies sur autres lieux de ladilte succession,
le plus près desdits lieux, de proche en proche, jusques à
plain payement et parfournissement de ladilte somme de
neuf livres tournois de rente en manière dessus déclairée.
Aussi s'il s'y trouvoit qu'il y en eust plus desditles neuf
livres tournois de rente le surplus reviendra et sera aus-
ditles de Puyguerault mère, et Magdeleine dc Rabaine, mineur, sa fillle, et ne prendront lesdicts de Beaumont et de
Rabaine, conjoincts, que ladilte somme de neuf livres tournois de rente, desquelles ils jouiront dès à présant ct pran-
dront pour en faire et disposer à leur plaisir et volonté,
comme de leur propre domaine et héritage et à cause d'elle
et lesquelles neuf livres tournois de rente, en l'assiette dessus déclairée, ledict de Beaumont, escuyer, a acceptée, prinse
et eue agréable, et moiennant icelle a promis et sera tenu
audict nom de jamais autre chose ne querre ne demander...
Ce fut fait et passé, présants les tesmoins ad ce appellés et
requis maistre Mathieu Petard, prestre, Estienne Ribois, et
André Moyne, le neufiesme jour du mois de janvier l'an
mil cinq cens et quatre, ainsi signé : Vergier. De Lage de
Volude *(prénom illisible)*, pour avoir le contract cy dessus
et des autres parts descrit.

XX

1505, 18 février. — Lettres royales autorisant Yvon de Rabayne, écuyer, seigneur de Jazennes et Marie de Sansac, sa femme, à poursuivre en justice Colas d'Isave, écuyer, seigneur du Puy, malgré sa noblesse. « Nous a esté exposé que puis aucun temps en ça s'est assis procès pardevant vous (*le sénéchal de Saintonge ou son lieutenant au siège de Saintes*) au siége de Xainctes...auquel procès tellement a esté procédé que amprès demande faicte par lesdits exposants ledit Disave, pour cuider fouyr et délayer la matier, a requis estre renvoyé en assises, pour sa noblesse, de moyen de quoy et de ce que lesdites assises ne tiennent que troys ou quatre foiz l'an, la dite matier en laquelle lesdits exposans ont interest en l'advancement demeure assoupie et retardée..... » *Sceau royal pendant.*

XXI

1505, 2 septembre. — François Bouchard, licencié ès loix, conseiller du roy, lieutenant général du sénéchal de Saintonge... Amprès ce que par inquisicion par nous faitte avecque noble homme maistre Arnauld de Rabayne, escuier, sieur de Loubec, oncle paternel de Jehan de Rabayne, myneur d'ans, fiz de feu noble homme, Jehan de Rabayne, escuier, sieur d'Usson, et de Jacquette Bertrande, damoiselle, sa femme, quand vivoit, Huguette de Puyrigault, damoiselle, Jacques de Rabayne, escuier, fiz aisné dudict Jehan de Rabaine, escuier, avons trouvé ladicte Bertrande, mère dudict myneur estre suffisante, ydoyne, pour avoir tutelle, garde, gouvernement et administration dudict myneur... (*Suit la formule de nomination).* Fait à Usson le mardi second jour de septembre l'an mil cinq cens cincq. Signé SENNÉ.

Au dos, d'une écriture plus récente que celle de l'acte :

Attestation de noble homme Arnaud de Rabaine, escuier, seigneur de Loubec, frère de Jean de Rabaine, escuyer, seigneur d'Usson, en faveur de Jacquette Bertrande, vefve pour la   fois dudict Jean de Rabaine, seigneur d'Usson, tous deux père et mère d'autre Jean, seigneur d'Orville [1], d'abord, puis d'Usson, mineur d'ans, fils puisné dudict Jean et nepveu de Arnaud de Rabaine, seigneur de Loubec. Par acte signé Senné.

XXII

1506, 1ᵉʳ février. — Au jourduy, premier jour de febvrier 1506, Jacque Garmeau pretre, vicaire de l'église paroichiale de Sainct-Vivien de ceste ville de Pons, certiffie avoir receu certaines lectres de signifficamini données et espédiées à Blois, par très révérand père en Dieu, monseigneur Georges, cardinal d'Amboise, légat du Saint-Siège apostolique en France, impétrées des parties de nobles personnes Yvon de Rabayne, escuyer, sieur de Jazannes, et Marie de Senssac, damoiselle, sa femme, demeurant audit lieu de Jazannes. C'est présentée à moy une nommée Marguerite Drouillarde, de l'eage de quarante ans, ou plus, laquelle m'a dit et depposé, en deschargent sa consciense et de peur de mourir en la malédiction de Dieu, qu'elle, demeurante en la maison de feu maistre Anthoyne de Senssac, seigneur du Puy, et au temps qu'il vivoit, père de ladite Marie de Sanssac, qu'il y avoit une douzayne de tasses d'argent et une esguyère, que

---

1. Sa mère, Jacquette Bertrande, s'étant remariée avec Colin de Corgnol, seigneur de Fontenille et d'Orville, il est probable que ce fief lui fut donné par ce dernier.

volluntiers l'on metoit en ung estui de cuyr, et ung potet, le tout d'argent, et cincq afficquets [1] que l'on prestoit volluntiers aux mariées, et peut avoir, cellon son dire, xxv ans ou environ, et ce a dict ès présence de Louis de Blanc, le jour et an que dessus. Signé par moy. GARMEAU.

XXIII

1510, 3 février. — Pièce en grande partie illisible et déchirée. En tête on lit : Appointement entre Jacques de Rabaine, Jacquette Bertrande, Jean de Rabaine (*plusieurs mots effacés*) pour Pisani. *Parchemin.*

A tous ceulx... le garde du scel roial establi aux contrautz en la ville et cité de Xainctes...

Jacques de Rabayne, escuyer, seigneur d'Usson, et damoiselle Jacquette Bertrande, tant en son nom que comme tuteresse ou légitime administresse des corps et biens (?) de Jehan de Rabayne, myneur d'ans, filz de feu noble homme Jehan de Rabayne et d'elle, ayent transigé et appointé avecques monsieur Arnault de Tourrectes, conseiller du roy, nostre sire, en sa court de parlement de Bourdeaulx, touchant certaines mises faictes par ledict feu de Rabayne à la poursuite de la question et procès de Pizany contre Loubat de Méritain   cens livres (?) tournois (?) que ledict de Tourrectes ait promis bailler et payer ausdict Jacques de Rabayne et Bertrande, esdicts noms dedans certain temps ait cedé et transporté à maistre Jehan de Tourrectes, chantre et chanoine de Xainctes, tout le droit qu'ilz avoient et qui leur pouroit   et appartenir   déclarées ou contract par ce faict et passé et ce pour le prix et somme de cinq cens livres.

(*La pièce est illisible jusqu'à la fin*).

1. Affiquet, toutes sortes de joyaux destinés à la parure et plus particulièrement à l'ornement de la tête. (De Laborde, *Glossaire français du moyen âge*).

XXIV

1521, 18 juin. — Parchemin presque illisible et rongé par moitié en longueur. On lit au dos :

Monsieur de Fontenilles [1] et demoiselle Jacquette Bertrande, sa femme, délaissent dix sept livres dix souls tournois de rente à eux dues par noble homme Jacques de Rabayne, seigneur d'Usson.

XXV

1522, 1er avril. — Reddition de compte de tutelle par Isabeau de Coucis, veuve de Jacques de Rabaine, tuteur de Jacques de Rabaine, seigneur de Jazennes.

Devant Thibault Blanc, licencié ès loix, assesseur de monsieur le lieutenant de la seigneurie de Pons... c'est comparu honneste personne Estienne Addien, au nom et comme procureur de damoyselle Isabeau de Coucis, veufve de feu Jacques de Rabayne, escuyer, seigneur d'Usson, quand vivoist, et curateur de Jacques de Rabayne, escuyer, son cousin, filz de feu Yvon de Rabayne, en son vivant seigneur de Jazaynes, en nom et comme tuteresse des enffens dudict feu Jacques de Rabayne, seigneur d'Usson, lequel nous a dict que ledict feu Jacques de Rabayne par cydevant avoit esté ordonné curateur audict Jacques de Rabayne, seigneur de Jazennes et que en ce faisant avoyt heu la charge des biens d'iceluy et faict aucunes misses et receptes, et par ce que le dict feu Jacques de Rabayne estoyt allé de vie à trespas premier que en rendre conte, ad ce moyen requeroyt que eussions iceluy oyr à l'odition du dict conte, et que pour ce fayre il avoyt faict

1. Voir pièce XXI, la note 1.

7

adjourner le dict Jacques de Rabayne o l'auctorité de son
curateur, cy aucun en avoyt, cy non pour icelluy en voir
pourvoyr, ce nous requerant. Lequel ledict Jacques de Rabayne, présen ad ce, a dict que despuys le décès dudict feu
Jacques de Rabayne ne luy avoit esté pourveu de curateur
et voulontiers consentiroyt à l'odition des contes dudict feu
Addien, on dict nom, pourveu que luy eussions à luy pour-
veoir de curateur de la personne de noble homme Regné de
Sainct-Mory, son beau-frère, présent en jugement, vers lequel
requisitoyre et emprès ce que avons faict faire le serment
audict Sainct-Mory en tieulx cas requis, icelluy avons ordonné
curateur audict de Rabayne quant à l'odition du dict conte.
Et ce faict ledict Addien au dict nom a rendu conte... [1]

XXVI

1530, 9 août. — Foi et hommage au roi, par Jean de Rabaine, écuyer,
sieur d'Usson et de Brezillas, au nom de Jacquette Bertrand, sa mère, pour
le dizain du minage de Pons. *Archives nationales, Chambre des comptes*,
P. 556, cote 737 *bis*.

Françoys, par la grace de Dieu, roy de France. A nos
améz et féaulx les gens de noz comptes à Paris, au séneschal
de Xainctonge, ou à son lieutenant, et à noz procureur, receu-
eur ou clerc des fiefz dudict lieu, salut et dilection ; savoir
faisons, que notre cher et bien amé Jehan de Rabaine, escuier,
sieur d'Usson et de Brezillas [2], au nom et comme procureur
suffisamment fondé de lettres de procuration de damoiselle

---

1. Nous ne reproduisons pas la fin de ce document. On trouvera plus loin, dans
le *Mémoire*, § O, un détail des dépenses, à l'article de Jacques, deuxième du
nom, de Rabaine.

2. Le 8 août 1530, le même rend hommage de la seigneurie de Brezillas
et du fief de Chenaumoine à lui advenu et escheu par le trepas de feu Charles de Rabaine son nepveu, mouvant de Talmont. (*Note fournie par M. le
baron de La Morinerie*). Ce document n'a pas été retrouvé aux archives nationales.

Jacquete Bertrand, sa mère, nous a ce jourdhuy faict ès mains
de notre très cher féal et grand amy le cardinal de Sens,
légat et chancellier de France, les foy et hommage que ladicte
Bertrand nous estoit tenu faire pour raison du dixain du
minnaige de la ville de Pons et de tout ce qu'elle a et tient
en la chastellanie dudit Pons et ès parroisses de Berneil, Coulombiers et ès environs, qu'elle souloit tenir en hommaige
des seigneurs dudict lieu de Pons et de Berneil, desquelz foy
et hommaige elle a esté exemptée par arrest de la court de
parlement de Thoulouse, et par icelle dit qu'elle les feroit en
noz mains; auxquelz foy et hommaige nous avons receu ledict
de Rabaine, audict nom, sauf notre droit et laultruy. Si vous
mandons que pour cause desdicts foy et hommaige à nous
non faict vous ne faictes, ne donez ne souffrez estre faict,
mis ou donné à ladicte Bertrand, aucun destourbier ou em-
peschement en aucune manière. Ains, si ledict dixain et autres
choses dessus dites estoient pour ce point saisiz ou mis en
nostre main, les y mectez ou faictes mectre sans delay, à plaine
delivrance et au primier estat et deu, pouruen qu'elle baillera
son adveu et denombrement en nostre chambre des comptes dedit temps deu. Et fera et payera les autres droiz et devoirs si aucuns nous sont pour ce deuz, si faictz et payez ne
les a. Donné à Cognac, le ixme jour de aoust l'an de grace
mil cinq cens trente, et de nostre règne le seziesme. Par le
roy à nostre relation. BARRILLON.

XXVII

1533, 16 décembre. — Contrat de mariage de Gabriel de Saint-Mauris,
écuyer, seigneur de Rochave, et d'Antoinette de La Barte. — *Vidimus sur
papier* [1] *du 23 juillet 1596 collationné par Phelippeau, notaire royal à
Saintes.*

A tous ceulx... le garde du scel royal establi aux contraux

1. Filigrane : F, L, séparées par un cercle surmonté d'un trèfle ; un cœur
pendant au-dessous.

en la ville et cité de Xainctes pour le roy... Savoir faisons
que on traicté et prolocution de mariage... entre noble
homme Gabriel de Sainct-Mauris, escuyer, d'une part, et
Anthoinette de La Barthe, damoizelle, fille naturelle et légitime de feu Jehan de La Barthe, escuyer, en son vivant
seigneur de Rochaive, et de damoizelle Ysabeau du Gua, sa
femme, quand vivoit, d'aultre part, ont esté faicts les pacts
accords promesses et conventions qui s'ensuit : C'est assavoir que ledict Gabriel de Sainct-Mauris, escuyer susdit, par
l'advis de noble homme Regné de Sainct-Moris, seigneur
dudict lieu et de La Vespierre, commissaire de l'artillerie
pour monsieur le grand escuyer de France, grand maistre
de l'artillerie, et cappitaine de la ville et chateau de Pons, et
des ysles de Marepnes et Olleron, son frère germain, ad ce
présent, a promis et promect prandre à femme expouze la
susdicte Anthoynette de La Barthe toutesfois et quantes que
par elle ou ses parans et amis il en sera requis. En cas
pareil ladicte de La Barthe, o l'advis et gré et licence de
noble homme Loubat du Gua, escuier, sieur de Mons, son
curateur, ad ce présent, a promis et promect... En faveur
duquel mariage et en icelluy faisant et acomplissant ledict
Regné de Sainct-Mauris, susdict, a baillé et par ces présentes
baille et livre audict Gabriel de Sainct-Moris, ad ce présant
et acceptant, le nombre de sept vingtz livres tournois de
rente, en assiettes nobles et foncières. Sçavoir est, cent livres
tournois de rente, situées et assises tant en parroisses de
Sainct-Seurin de Palleynes, Eschebrunes que ailleurs, de
proche en proche. Lesquelles cent livres tournois de rente
ont esté baillées et livrées par noble homme Jehan de
Rabayne, escuyer, seigneur d'Usson, ad ce présent, audict
Regné de Sainct-Moris, ainsy qu'il a recogneu et recognoist
par ces présentes, en présence du notaire et tesmoings cy
soubscriptz, desquelles cent livres tournois de rente icelluy
de Rabayne c'est dessaisi... au proufict dudict Gabriel de
Sainct-Moris, au nom dudict Regné et l'en a vestu... Et oultre

a baillé et baille ledict Regné de Sainct-Moris, soy faisant fort, tant pour luy que pour damoiselle Françoise de Rabayne, sa femme, absente, à laquelle il a promis et promect... faire ratiffier et avoir agréable le contenu de ces présentes, quarante livres tournois de rente, partie de cinquante livres tournois de rente, en telle et semblable assiette que ledict Regné de Sainct-Moris a heu en mariage faisant de ladicte de Rabayne, damoiselle, sa femme, de feu noble homme Yvon de Rabayne, escuyer, seigneur de Jazennes, son père, quand vivoit. En rémunération et récompense desquelles sept vingtz livres tournois de rente, en assiette, ledict Gabriel. de Sainct-Moris, escuyer susdict, soy disant majeur, ainsi qu'il a asseuré et asseure par serment en présence des dicts notaire et tesmoins estre vray, a baillé, livré, ceddé et transporté et octroyé... (*formules*) audict Regné de Sainct-Moris, escuyer susdict, ad ce présent et acceptant pour les siens, tout son droit et succession paternel, maternel et collatéral à luy escheu jusques à aujourdhui, dattes de ces présentes, par le décès et trespas de ses feuz père et mère et frères et sœurs et autres ses parans, dont et desquels les successions luy pourroyent compéter et apartenir... soit tant meubles, immeubles, héritaiges, cens, rentes que autres biens quelconques, quelque part qu'ils soient situez et assis, tant en pays et duché de Normandie, Dauphiné que ailleurs, pour lesquels biens avoir, tenir, jouir, uzer, posséder... par ledict Regné de Sainct-Moris comme les siens... (*formules*) Est dict et acordé entre les dicts de Sainct-Moris que là et au cas que ledict Regné de Sainct-Moris, escuyer, susdit et sa dicte femme et les leurs ne retireront et recouvreront les dictes quarante livres tournois de rente, partie des dictes cinquante livres tournois de rente par luy et ladicte de Rabayne, damoiselle, promises audict Gabriel, et icelles baillées par ledict feu Yvon de Rabayne, dedans trois ans prochainement venant, en ce cas, ledict Regné et sa femme seront tenus, et ont promis, bailher et délaisser audict Gabriel les dictes cinquante livres tournois de rente, à eulx baillées, en faveur de leur mariage, par ledict feu sieur de Jazennes, telles qu'elles leur a baillées au lieu des dictes quarante livres tournois... lesquelles cent livres tournois et quarante livres tournois de rente lesdicts Regné de Saint-Morys et de Rabayne, sa femme, ou les leurs, pourront rethirer dedans troys ans prochainement venant, à compter du jour et datte de ces présentes, en bailhant et payant à eulx et les leurs ou ayant d'eulx cause, auxdicts Gabriel de Sainct-Morys et de Rabayne (*sic*), sa femme, ou les leurs, la somme de cinq mille livres tournois, scavoir est trois mil cinq cents livres tournoys pour les cent livres tournoys de rente baillée par ledict de Rabaine et mil cinq cent livres tournois pour les quarante livres tournois de rente. (*Pour sûreté de la rente, Jehan de Rabaine engage ses biens*). Et pour asseureté des quarante livres tournois de rente, telles qu'elles ont esté baillées par ledict feu Yvon de Rabayne, cas ou elles ne se trouveroient, noble homme Jehan d'Asnières, escuyer, seigneur de La Chapelle, c'est constitué et constitue plège et principal payeur... (*Suivent les dispositions relatives au décès, sans héritiers, des futurs, l'un avant l'autre*). Et a promis, promect, doibt et sera tenu ledict Regné de Sainct-Morys aquitter le dict Gabriel de Sainct-Morys des ventes et honneurs qui pourroyent estre deuhes à haulte et puissante dame Catherine de Ferrières, dame de Pons, pour raison des aquisitions qui se feront des cinq mille livres tournois de rente et fiefs d'icelle dame... Ce fut faict et passé en la maison noble de Clerbize, présens tesmoings ad ce appelez et requis, révérand père frère Jehan du Gua, abbé de Sablonceaux, Guillaume de Laigle, escuyer, seigneur de La Montagne, Jehan de Montgrand, sieur de Logerie, Thomas de Rabayne, sieur de Mazerolles, Fiacre Le Roy, escuyer, prieur de Sainct-Maigrin, honorable homme et saige maistre Hélie Dupont, juge de Pons, Mathurin Dasnières, Lorant   notaire, le seziesme jour de décembre mil vᶜ trente trois. Ainsi signé G. Dugua pour avoir esté présant, Regné de Sainct-Morys, Gabriel de Sainct-Morys, Loubat Dugua et Guillaume Desgle.

Suit la ratification de Françoise de Rabaine, damoiselle, femme du dit René de Saint-Moris. Ce fut faict et passé en la ville de Pons, présens tesmoings ad ce appellés et requis, nobles hommes Jehan de Rabayne, escuyer, seigneur d'Usson, Thomas de Rabayne, chevallier, seigneur de Mazerolles, Fiacre Roy, escuyer, prieur de Sainct-Maigrin, le jour et an que dessus, ainsy signé G. Collineau, notaire royal.

La susdicte coppie a esté vidimée et collacionnée à son vray original, escript en parchemin, non vitié ne raturé, ce requerant Anthoynette de La Barthe, damoiselle, dame de Rochaive, par devers laquelle l'original est demeuré, par moy, notaire royal en Xainctonge soubscript. Faict au logis noble de Sainct-Seurin de Clerbize, le xxiiie jour de juillet mil ve quatre vingt seze, en présence de honorables hommes François de La Tousche et Pierre Merlat, advocatz au siége présidial de Xainctes soubssignés, ce que ladicte damoiselle a desclaré ne sçavoir faire de ce requis par moy.

La Tousche, présant. P. Merlat. Phelippeau, notaire royal à Xainctes.

XXVIII

1563, 16 novembre. — Hommage au roi rendu par Jean de Rabaine, seigneur d'Usson. — *Copie sur papier* [1].

A tous ceulx qui... nous Jehan [2] de Rabayne, escuyer, seigneur d'Usson, advouhons et confessons tenir à cause de

---

1. Filigrane : Une main couronnée. Texte très défectueux.

2. Jean iv de notre généalogie. Le 27 juin 1561, il est témoin avec Jean de Sainte-Maure, seigneur de Chau, Charles de Sousmoulin, seigneur de Vibrac, demeurant à Anqueville, André de Montalembert, sieur de Vaux, et Jean de Sousmoulin, écuyer, sieur d'Allas-Bocage, à la transaction passée entre Jean de Beaumont, seigneur de Gibaut, et Jeanne de Ferrière, au sujet d'un pas-

damoiselle Jacquette Bertrand, feue ma mère, comme héritière seulle de Jehan Bertrand, son feuz père, chambellan du roy, nostre sire, à cause de son duché d'Angoulmoys, congnois et confesse tenir à foy et hommage lige et sans aulcung debvoir les choses qui s'ensuyvent.

Et premièrement tout le droit que j'ay et puys avoir et doibtz par quelcongue tiltre ou cause. C'est assavoir ès parroisses de Salles, Gimeux, Genté que j'ay en deniers, gelines, en bled et en vin et en aultrès choses, et les dixmes et aguières que j'ay ès dictes parroisses, soyt en bled et vin, agrières, aigneaulx ou pourceaulx, laines et aultres choses quelzconques qu'elles soyent (*mot effacé*) le fief que j'ay et tiens de Ythier d'Ambleville, lequel est en Puipelay. Lequel fief se estans du chemyn du Cout jusques au premier qui est appelle le Court-Bossan, et de l'autre costé la seigneurye de l'abbé de La Frenade et de la s'estans jusques à la seigneurye de messigneurs Geoffroy Feromenon.

C'est assavoir les dixmes et les agriers tans comme se pouvoit appartenir de son fief, lesquelles choses je tiens sans nul achaptement. Item, les maisnes et les maisons que j'ay en La Vallade, qui furent à Guillaume et Hélye de Morriac et à Guillaume Darienes, Helye Bertrand et Arnaud Touchebœuf, à Loys Deschallas et Pierre Cormedier. C'est assavoir en la parroisse de Salles lesquelz (*sic*) sont posez en la seigneurye de Raymond Ymogiraut, d'une part et le mayne de Hélye Rabion de l'aultre. Item le fief que tenoyt de moy Guillaume Desnoyères à Trellis et on coulx de monsieur Bernard Barrière. Premièrement les terres de Trellis que durent jusques au chiron de Banc. Item le maisne de Pierre Mesnard de Trellis à moy appartenan lequel s'estant jusques à la seigneurye de Jehan de Compaigne, d'une par-

---

sage par la forêt de Fayolle. (*Histoire de la maison de Beaumont*. Preuves, fol. 101). Le 6 novembre 1563, il donne procuration à Jacques son fils, pour rendre hommage à Paris. (*Bulletin* de la société des Archives, III, p. 33).

tye et la veoye par où l'on va de Salles à Coignac d'aultre
partye. Item ung aultre maisne appartenant de présant à
moy, qui fut jadis à Bernard de Trellis, lequel mayne s'estant jusques à la veoie par où l'on va de Salles à Coignac
d'une part ; et la seigneurye de Vincent du Chastelrien
d'aultre et la seigneurye de Bernard Barrière d'aultre à la
seigneurye de Pierre Perye d'aultre. Item ung aultre maisne,
lequel fut à Jehan et Hélyes Mesnards, de Trellis, et ses
appartenances, lequel maisne s'estant jusques à la seigneurye
du seigneur de Champaigne, d'autre partye, et la seigneurye
de Vincent du Chastelrien, d'aultre. Item les terres qui sont
en   et la seigneurye de Jehan Arrenaud, d'une partye, et la seigneurye de moy ledict Jehan de Rabayne, d'aultre. Item une pièce de terre posée en Balerne entre le chemin par où l'on va de Salles à Goulmoys et à Trellis. Item
une pièce de terre posée à la Didonne, entre la seigneurye
de Pierre Perye d'une partye, et la seigneurye de Guillaume
Emery, d'aultre. Item la terre de Couc, posée entre la voie
par où l'on va de Salles à Gymeux d'une partye, et la sci-
gneurie de moy ledict Jehan de Rabayne d'aultre.

Lesquelles choses ledict Guillaume tenoit de moy à achap-
temant d'ungs esperons blancz; et ledict Jehan de Rabayne
paye la dixme desdictes terres. Item advouhe tenir de mondict seigneur les choses que Pierre Brugiers tient de moy
pour cause de monsieur Pierre Degrain, prestre, c'est assavoir le mas appellé Roynon, lequel il tient de moy en rière-
fief, lequel mas est posé entre le chemyn public par où l'on
vient de La Vallade vers l'église de Salles, d'une partye, et
les terres de messire Jehan Durant, d'aultre partye. Et oultre
ledict Pierre tient de moy ung coux de vigne, lequel est posé
au long des Combes entre le chemin public par où l'on va
de Salles à Celles, d'une partye, et entre la seigneurye du
sieur des Mesles, d'aultre partye. Encores tient de moy ledict
Pierre Brugiers ung mas de terre qui sont en Puipelay,
onquel mas je prens la tierce partye de l'agrière et toute la

dixme, et est posé entre la seigneurye du prieur de Coignac, d'une part, et le chemyn par où l'on va de Coignac vers Combebarbau, d'aultre partye. Lesquelles choses dessus dictes tient de moy ledict Pierre Brugiers à hommayge plain et achaptement d'uns esperons blancs, à muance de seigneur et de vassal. Et toutes les foys que je fray à Salles, ledict Pierre Brugiers est tenu à moy d'ung lict et ung aultre à ma compaignie. Encores doibt ledict Pierre Brugiers au nom dudict messire Pierre Durant rendre à moy et à troys hommes à cheval, en la compaignie, ung manger rudal [1] chascun an pour les choses susdictes. Item advoue de mondict seigneur les choses que Huguon de Chevoux tenant de moy ès parroisses de Gimeux et Salles. Premièrement trois clouz de vigne, lesquelz l'ung est appellé les Amares et est posé desçà et delà entre la seigneurye du seigneur (ou sieur) des Mesles, deça et delà. L'autre est posé entre le chemyn pour où l'on va de Salles à Moriac, d'aultre partye, et le fief de Cersac, d'aultre partye; et l'autre est posé en Puy de Trellis, entre le chemyn par où l'on va de Salles à Trellis, d'une partye, et la terre qui fut à feu messire Durand, d'autre partye. Item ledict Huguon des Chevous tient de moy ung mas de terre qui sont en Puypellat, en ma seigneurye deçà et delà, et je ledict de Rabayne prend la dixme audict mas. Item ung maine à Trellis, lequel fut à Helyes Mesnard et à Guillaume Bertrand, dict Picart, posé entre la seigneurye du prieur de Coignac et la seigneurye de moy, d'aultre. Lesquelles choses dessus dictes tenoit ledict Hugues de Che-

---

1. Mangier, repas que le vassal devait à son seigneur. « Item chacun an ung mangier sur le commun de Tinc pour ledit gruyer, pour son chevalier, pour son escuyer, pour l'escuyer de son chevalier, pour son grant cheval, lequel cheval doit avoir demie mine d'avene... » etc. (*Dictionnaire de l'ancienne langue française du IX° au XV° siècle*, par Frédéric Godefroy). Le mot *rudal* se trouvera peut-être dans la livraison contenant *Ru*, qui n'a pas encore paru.

voux de mes prédécesseurs à hommage plain et achaptement
de quatre fers de roussin, à chascun an un mangier rudal
à troys hommes de cheval, et à muance de seigneur et de
vassal. Item advoue et tiens je, ledict de Rabayne, de mondict
seigneur, la tousche de Trellis, en laquelle je prens la dixme,
laquelle est posée entre la seigneurye de Mesle et la Combe-
Barbreau, d'aultre partye, et le chemyn par où l'on va de
Celles vers Coignac, d'aultre partye, et se rent au mayne
Guillaume Vallet. Item le maysne Vallet et ses appartenances. Item le maysne à la Brune et ses appartenances, tenant
au chemyn par où l'on va de Salles à Gimeux et à La Frenade. Item un aultre mas de terre qui est appellé le mas de
Sonneville, onquel mas je prens tout l'agrier et toute la
dixme, et est posée desà, entre le chemyn par où l'on va
deça à Treslis, qui sont posez entre la seigneurye venan de
Chastel-Rien d'une partye, et le chemyn par où l'on va de
Salles à Meaupuy d'autre partye. Lesquelles choses vont
jusques au carrefour de la Dubinne, entre la terre de Robert
Barrière, d'ung chef et de l'autre chef va jusques au lieu
appellé Chevon de Bant. Item ung aultre mas de terre et de
pretz appellés, l'une partye, Rantier, et l'aultre partye des
pretz sont posez au mayne appellé de La Guinière, et sont
poséz les dicts pretz entre les pretz des Jossans deçà delà et
s'en va d'illecques à la peschonère de la Vergne, deçà delà
et delà s'en va à la peschonère commancie (?) Item ung aultre message de terre et de rivière, lequel commance à la
grand maille de lame de Cellers deçà delà et s'en va delà à
la peschonère de la Vergne, deçà delà, et delà s'en va à la
peschonère Bertau, deçà et delà, et delà s'en va à la peschonère Oncedrue, qui est en ma seigneurie. Et les choses
dessus dictes, sont posées en la seigneurie de monsieur Esgi-
nard de Poulle, d'une partye, et la seigneurye de l'abbé de
La Frenade, d'aultre partye, et delà s'en va vers le mayne de
Fouches, et de l'autre partye le moullin de Morricie, et en
la rivyère dessus dicte, laquelle est appelée Reugnier. Je prens

de chascune chartée de foing quatre demiers [1] et chascune
soume de foing maille. Item les terres appellées Norineau,
posées entre la seigneurye de mondict seigneur d'une partye
et ma seigneurye d'aultre partye et je ledict Jehan de Rabayne
prendz esdictes terres la dixme de l'agrier. Item ung aultre
message de terre qui sont en la Combe appellée Bou-
lerne, posées en la seigneurye de la Meye (?) ou vigier de
Baberil d'une partye, et la seigneurie du seigneur de Crix
d'aultre partye, et le chemyn qui fiert en   ou moullin
de Morriac et le chemyn que l'on vient à Gimeux, esquelles
je prens la quarte partye de tous les agrières et de toute la
dixme. Item une aultre message de terres qui sont en tout
en entier entre la seigneurie du prieur de Bonneville, d'une
part, et la seigneurye de Ythier d'Ambleville, d'aultre partye. Item le cosutaud Bertrand posé on fief de Tres... *(mot
effacé)*, le chemyn que l'on va de Salles à Treslis, d'une partye, et les vignes du chappellain de Gimeux, d'aultre partye,
et les terres qui sont posées on Perrac, entre la seigneurie
de Guynot Dandanne [2] d'une partye et la veoye que l'on va
d'Angeac-Champaigne vers Celles, d'autre. Item les terres
qui sont posées en Mortaselle, au long du chemyn qui va à
la croix du Puys-Felon à la croix d'Angeac, et de ladicte
croix s'en va à la croix du Ras, et d'aultre bout fiert en terres
du fasmage et en terres de monsieur de Crix, de l'autre bout
en terres de Guy Dandenne. Item un aultre mas de terre et
de vignes posées entre le chemyn où l'on va de Trellis à
Celles, d'une part, et d'aultre partye le fief Ythier Guillon et
fiert en l'abbaye de Morriac. Item ung aultre mas de terre
posée devant le chemyn que l'on va de l'église de Salles vers

---

1. Il y a bien écrit *demiers*, mais il faut lire probablement *deniers*, puisque
à la ligne suivante on voit *maille*.

2. Il est impossible de ne pas lire *Dandanne*, plus bas *Dandenne* et plus
bas encore *Dardenne*, très bien formé. Il s'agit évidemment du même nom ;
le dernier est le véritable.

le maisne aux Vaires d'une partye, et le chemin par où l'on
va à la fons Salesse, d'aultre partye. Item ung aultre mas de
terre posé devant le moullin de Morriac, entre les terres de
l'abbé de La Frenade, d'une partye, et la rivière qui est devant
ledict moullin d'aultre partye. Item ung aultre mas de terre
posé aux Sougerons, entre la seigneurie de Raymond Jino
d'une part et d'aultre partye le fief de Saint (?) Ogete. Item
ung aultre mas de terre et vignes posées au coing de Ler-
vaux (ou Lernaux) entre la veoie par ou l'on va de l'eglise
de Salles vers la fons Salaise, d'une partye et la veoie que
l'on vient des coux et s'en va à Amard. Item un aultre mas
de terre posée à la Guinyère entre la seigneurie de Guynot
Dardenne d'une partye et ma seigneurie d'autre partye. Item
le maysne de Guillaume Bertrand, filz de Pierre Bertrand,
posé entre les maisons Yves Mosniers, d'une part, et le chemyn par où l'on va à l'églesize devant la maison de messire
Jehan Roux, d'aultre partye. Item tout le droict que Guillaume de la Croix et Péronnelle Blanche, dicte Cothenne, tiennent ès parroisses de Gimeux, Genté et Salles o leurs appartenances et leurs personniers, terres, vignes, boys et maisons et
les choses qu'ils tiennent en trespolle en fief Boucher que duroyt
jusques au maysne Pierre Dupuys en madicte seigneurye et
jusques au maysne de Pierre de Vignes en madicte seigneurye.
Item le maysne qui fut à Pierre Ayma qui dure jusques à la seigneurye de l'abbé de La Frenade et le chemyn qui va à Morriac jusques à La Frenade. Item Helye de Vignes (ou *Vaynes, le
mot est surchargé*) et Arnauld Ganartine doibvent troys mailles
de rante, à muance de seigneur et de vassal, qu'ils doibvent
du pré de Rangnier et du plantin dudict lieu, et ung mangier
rudal à troys hommes à cheval. Et nulle chose ne sçay plus
appartenant aux choses dessusdittes. Toutes et chascunes lesquelles choses dessus dictes, je ledict Jehan de Rabaisne ay,
tiens et à moy advouhe, tenir advoue, soubz les foy et hommage de mondict seigneur à cause de sondict chastel de
Merpins... (*Formules*). En tesmoing de ce je en ay donné et

octroyé à mondict seigneur ces présantes lectres d'adveu, desquelles j'ay retenu le double devers moy, à la conservation de mon droict, scellées de mon scel armoirié de mes armes et signées de mon seing mannuel. Faict le seiziesme jour de novembre l'an mil cinq cens soixante trois, ainsy signé : J. de Rabayne, au dessoubz par adveu. Faict en ma présance et à la requeste dudict seigneur d'Usson, signé Duffé notaire royal en Xainctonge, et scellées d'ung scel armoyrié en cire rouge par forme de placart.

Collation de ceste présante coppie a esté faicte à son orinal aussy escript en parchemin saing, entier, signé et scellé comme dessus par Thomas Périer et Bratherin Fardeau, clercs notaires, jurez du roy, nostre dict sieur, on chastellet de Paris, soubz signez, l'an mil cinq cens soixante et troys le mardy unziesme jour de janvier, ainsi signé Perier et Fardeau.

Même collation à la chambre des comptes le 17 janvier 1563.

XXIX

1585, 9 janvier. — Foi et hommage au roi par Jean de Rabaine, sieur d'Usson, Brillac, La Touche, Brésillas et L'Houmée, mari de Louise de Pons, pour la seigneurie de L'Houmée, du chauffage qu'il prend dans la forêt de Rochefort et de l'hôtel qu'il possède devant le château de Rochefort. — *Archives nationales, P. 563, cote 2202.*

Henry, par la grâce de Dieu, roy de France et de Polongne, à noz améz et féaulx les gens de noz comptes à Paris, bailly de (*blanc*) ou son lieutenant et à noz procureur et receveur ordinaire audict lieu ou leurs substitut et commis, salut. Scavoir vous faisons que nostre amé et féal Jehan de Rabaine, chevalier, sieur d'Usson, de Brilhac, La Touche, Bressillatz et de Lhommée, nous a cejourdhuy faict, au bureau de notre chambre desdits comptes, les foy et hommage qu'il nous estoit tenu faire pour raison dudict fief, terre et seigneurie de Lhommée, du chauffage qu'il a et prend en la forest de Rochefort sur Charente, d'un hostel et fief assis devant le chastel dudict Rochefort, ses appartenances et dépendances tenus et mouvans de nous à cause de nostre chastel dudict Rochefort sur Charente, assis au gouuernement de La Rochelle, et à luy appartenans à cause de damoiselle Loyse de Pontz, sa femme, par succession de desfuncte Françoise Geoffroy, sa mère. A quoy il a esté receu sauf nostre droict et l'autruy. Et vous mandons et à chacun de vous si comme il luy appartiendra que, si pour cause desdits foy et hommage, etc. (*ut supra*).

Donné à Paris le neufiesme jour de janvier l'an de grâce mil cinq cens quatre vingtz cinq et de nostre règne le unziesme. Par le conseil estant en la chambre des comptes. DANES.

XXX

1595, 20 mars. — Foi et hommage au roi par Jacques de Rabaine, fils aîné de feu Jean de Rabaine et de Louise de Pons, pour la seigneurie de Brezillas, fief de Chenaumoine, et dizain du minage de Pons. — *Archives nationales, P. 563, cote 2251.*

Henry, par la grâce de Dieu, roy de France et de Nauarre, à noz améz et féaulx les gens de noz comptes à Paris, séneschal de Xainctonge ou son lieutenant au siège de Xainctes, noz advocat procureur et recepveur de nostre dommayne audict lieu, et à chacun d'eulx, si comme à luy appartiendra, salut. Sçavoir vous faisons que nostre bien aymé Jacques de Rabayne, filz aisné de feu Jehan de Rabayne, son père, en son nom et comme procureur spécial, quand à ce deuement fondé de lettres de procuration de Louyse de Pons, dame douayrière d'Usson, La Touche et Brezillas, sa mère, ou nom et comme mère et légitime admi-

nistraresse de ses enffans et dudict feu Jehan de Rabayne,
quand vyvoit, sieur desdictes terres et seigneurie, en dacte
du cinquiesme jour de septembre mil cinq cens quatre
vingtz et quatorze, a faict et presté en mains de nostre très
cher et féal chancelier de France les foy et hommage qu'il
nous estoit tenu faire pour raison de laditte seigneurie de
Brézillas, ses appartenances et deppendances et du fief Chenaumoine, plus du dizain du minage de la ville de Pons,
fief de La Vergne, dommaines, cens, rentes, agriers, scituez
tant ez la ville que chastellanye dudict Pons et éz parroisses
desdicts Berneuil, Coulombiers et éz environs, qui soulloient estre cy devant tenuz du sieur de Pons, depuis tenues et mouvans de nous par jugement émané de nostre
court de parlement de Thoulouse, à quoy il a esté tenu sauf
nostre droict et laultruy, si vous mandons... car tel est
nostre plaisir. Donné à Paris, le vingtiesme jour de mars
l'an de grâce mil cinq cens quatre vingtz et quinze et de
nostre règne le sixiesme. Par le roy à vostre déclaration.
BOUSSEMOTHE.

XXXI

1605, 19 octobre. — Foi et hommage au roi par Paul de Rabaine, seigneur d'Usson, pour le fief de Chambellage. — *Archives nationales*, P. 564,
cote 2410.

Henry, par la grace de Dieu, roy de France et de Navar-
re, à noz améz et féaux les gens de nos comptes à Paris,
séneschal d'Angoumois ou son lieutenant, et à noz aduocat,
procureur audict lieu et à tous noz autres justiciers qu'il
appartiendra, salut. Sçavoir faisons que nostre cher et bien
amé Pol de Rabayne, escuyer, sieur d'Usson, nous a faict
et presté en mains de nostre très cher et féal le sieur de
Sillery[1], garde des seaux de France, les foy et hommage

---

1. Nicolas Bruslart de Sillery.

qu'il nous estoit tenu faire, pour rayson du fief de Chambellage, ses appartenances et deppendances, tenuz et mouvaus de nous, à cause de nostre duché d'Angoulmois et des fiefs terres et revenus, appartenances et deppendances scituéz et assis ès chastellenyes de Coignac, Merpins et Bouteville és parroisses de Genté, Salle, Gymeux et Crouing, tenus et mouvans de nous, à cause de noz chastellenyes de Merpins et Bouteville, le tout advenu et escheu audict de Rabayne par les décêz de feu Jehan de Rabaine son père, et Jacques de Rabaine, son frère, en leur vivant seigneurs desdits lieux, ausquels foy et hommage ledit de Rabayne a esté receu saufs nostre droict et l'autruy. Si vous mandons et à chacun de vous, si comme à luy appartiendra, que, si pour cause desdicts foy et hommage à nous non faictz, les choses cy dessus déclarées ou aucunes d'icelles et leurs deppendances estoient sayzies ou arrestées vous les mettez ou faictes mettre incontinant et sans délay à plaine et entière délivrance, et au premier estat, pourveu que ledit de Rabayne baille son adveu et dénombrement dedans le temps deu, et payé les autres droictz et debvoirs, si aucuns nous sont pour ce deubz, si faict et payé ne les a : car tel est nostre plaisir. Donné à Lymoges, le 19e jour d'octobre l'an de grace mil six cens cinq et de nostre régne le dix septiesme. Par le roy en son conseil. VERZAT.

XXXII

Sans date. — Extrait de l'hommage rendu par Paul de Rabaine, seigneur d'Usson. — *Archives nationales*, P. 564, cote 2413.

A tous ceulx qui ces présantes lettres verront, salut. Paul de Rabaine, escuier, sieur d'Usson, advoue et confesse tenir à cause de Jehan de Rabayne, escuier, sieur d'Usson, mon feu père, comme héritier seul de damoiselle Jacquette Ber-

trand, sa mère [1], les hébergements, maisons, rantes, aggrai-
res, du roy, nostre sire, à cause de ses chastelz et chastellenye de Coignac, Merpins et Bouteville, à foy et hommage lige,
sans aucun debvoir, toutes les choses qui s'ensuyvent: c'est
assavoir mon hébergement de Coignac, lequel est aujour-
d'huy appellé l'hébergement Pierre Perriault, posé et assis
en la ville de Coignac, jouxte la maison, qui fut de feu messire Thomas Gradulet, près la porte Messine, Hélies Girard,
et, d'aultre part, se tient en la venelle, par laquelle on va
de la porte de Laugin, appellé le Port-Saulnier, la taverre
Pierre Joubert, le verger Jehanne Daville et le verger Jehan-
not Bernond, qui jadis fut qu'auerre (?) et la saulnerye de
Denis le Roy encloses et confrontations dudit hébergement,
et se tient d'autre part ledit hébergement au verger Bertrand
Clément et d'aultre part se tient au verger qui jadis fut
Limbert [2]... *Cet acte ne porte pas de date, mais on lit
après la signature de Paul de Rabayne :* Retenu en la
chambre des comptes, et le semblable d'iceluy deument collationné renvoyé au sénéschal d'Angoulmois, ou ses lieute-
nantz, pour estre vériffié selon le contenu en l'expédition de
laditte chambre du jourdhuy dix huit janvier mil six centz
six. Signé VIORE ou VIVRE.

---

1. Il y a là une faute de rédaction. Il est inadmissible que Paul de Ra-
baine soit le petit-fils de Jacquette Bertrand, ou bien il faudrait dans l'acte
du 1er juin 1607 (voir plus bas no XXXIV): « Jacques de Rabaine, son neveu. »
Mais l'acte du 20 mai 1607 dit explicitement: « Loize de Pondz, sa mère. »
On pourrait tout concilier en rétablissant la phrase ainsi : « à cause de
Jehan de Rabaine, escuier, sieur d'Usson, mon feu père, comme héritier [*de
Jehan de Rabaine, sieur d'Usson*], héritier seul de Jacquette Bertrand, sa
mère. »

2. On sait qu'une maison, rue de la Madeleine, porte les trois maximes :
CITO.NE.CREDAS.NE.MALE.DICAS.INIMICVM.EVITA (*Epigraphie santone*, p. 242)
que l'on retrouve au château d'Usson. Cette coïncidence n'est pas extraordi-
naire, si le propriétaire de la maison de Cognac est le même que le seigneur
d'Usson.

XXXIII

1607, 20 mai. — Hommage au roi par Paul de Rabaine, chevalier, seigneur d'Usson, pour le fief de Brillac, en la Basse-Marche. — *Archives nationales*, P. 564, cote 2411.

Le vingtiesme jour du mois de may mil six cent sept, par devant nous, Symon Chesne docteur ès droictz, conseiller du roy, nostre sire, et son lieutenant criminel et assesseur criminel en la sénéchaussée de la Basse-Marche au Dorat, est comparu Paul de Rabayne, chevalier, seigneur d'Usson et de Brilhat, par maistre Jehan Rampion, l'ayné, son advocat, lequel nous a dict et remonstré que ledict seigneur d'Usson, ainsy qu'il est tenu et dès le vingt huitiesme jour de febvrier, an présant, mil six cens et huict, auroyt rendu faict et presté les foy et hommaige qu'il est tenu au roy pour son chastel et chastellenye de Brilhat, apartenances et deppendances, qu'il tient et relève de son chastel dudict lieu du Dorat, au debvoir de quinze solz tournoiz à luy apartenant, comme estant subrogé ès droictz de dame Loize de Pondz, sa mère, ainsy qu'il nous a faict aparoir par les letres de sa majesté portant réception dudict hommaige en datte que dessus, ctc... A la charge toutesfois que ledict de Rabayne sera tenu faire vérifier par devant nous, à jour d'assize, ou trois jours ordinaires playdoyables ensuyvants et consécutifs, dans le temps de l'ordonnance, son dict adveu et dénombremant, et, icelluy vérifié, le renvoyer par devers nos seigneurs des comptes, et oultre de fayre et payer les droictz et debvoirs qui sont pour ce deuz, si faictz et payéz n'ont esté à ceste cause... Nous, à laditte requeste, etc... Et advenant le lundy, second jour du moys de juin, an susdict, mil six cens huict, en jugemant et audiance des plaidz dudict siége tenant a comparu ledict Rampion, l'aysné, lequel... a dict leur avoir communiqué ledict hommaige et dénombrement... Avons ordonné qu'il y sera procédé [à laditte lecture]. Ordonnance de la lecture de l'adveu et dénombrement.

XXXIV

1607, 1er juin. — Aveu du fief de Chambellage rendu au roi par Paul de Rabaine, seigneur d'Usson. — *Archives nationales*, P. 564, *cote* 2112.

L'an mil six centz sept, le premier jour de juing, pardevant et au logis de nous, Pierre de La Combe, conseiller du roy, lieutenant général civil et criminel d'Angoumois au siège roial de Congniac, a compareu Paul de Rabaine, escuyer, sieur d'Usson, par M. Jacques Gausse, son procureur, lequel nous a dict et remonstré que ledict sieur d'Usson, ainsi qu'il est tenu, a, dès le dix neufiesme jour d'octobre mil six centz cinq, randu, faict et presté les foy et hommage qu'il est tenu faire au roy, pour ce qu'il tient et reléve de ses chastel et chastellanies de Congniac et Merpins, pour raison du fief de Chambellage, ses appartenances et depandances, tenuz et mouvans dudit sieur à cause du duché d'Angoumois et des fiefz terres et revenuz que ledict sieur d'Husson a situées et assizes esdittes chastellenyes de Congniac, Merpins et Boutheville... sans autre devoir. Et le tout a luy obvenu et escheu par les décedz de feu Jehan de Rabaine, son père, et feu Jacques de Rabaine, son frère.

XXXV

1623, 11 mai. — Inventaire sommaire est description de tous et chescuns les meubles, or et argent monnoyé et à monnoyer, appartenant à Paul de Rabayne, escuyer, conseigneur de Jazennes et Tanzac, demeurant à son logis noble dudict Tanzac, et ce pour la conservacion des droictz de da-

moizelle Suzanne de Rabayne, sa fille, et de deffuncte damoiselle de Sainct-Lorans, sa femme, quand elle vivoit. Pour
laquelle inventaire faire, et apprès que ledict escuyer a promis et juré devant moy, greffier de la chatellanie terre et
seigneurie dudict Tanzac, appartenant audict escuyer, et tesmoings bas nommez, iceux dicts meubles mettre en évidan-
ce, et pour iceux apprécier, a faict approcher Denis Vinet et
Jehan Guérineau, laboureurs à bœufs de la paroisse dudict
Tanzac, qui ont aussy promis et juré d'iceux meubles appre-
tier au mieux de leur pouvoir, avons commancé à procced-
der audict ivenlaire estant au logis noble dudict escuyer,
audict Tanzac, ce unziesme jour de may mil six cens vingt-
trois en la forme et manière qui s'ensuit :

Et premièrement, estans en la chambre basse ou ledict
escuyer faict sa demeure c'est treuvé une table à boire et
manger, avecq son treteau, d'une pièce, et deux petits bans
à pate ayant, comme ledict treteau, les pieds tournés, deux
grands tabouretz, et six petis ayans les pieds tournés, deux
chaises, l'une fermée pour porter mallades, le tout presque
neuf, et deux buffaits avecq leurs armoires, et tels quels,
le tout apprétié par lesdicts appretiateurs à vingt-quatre
livres.

Plus trois chaslits faicts à quenouille, deux tournés et
l'autre planier [1], deux couchettes aussy tournées, le tout
presque neuf et leurs fonsures, apprétié par lesdicts apprétiateurs à trente livres.

Plus trois grands coffres, deux faicts à paneau et l'autre
planier, et trois autres petis, les tous fermans à clefs ferré,
apprétiés avecq un petit cabinet portatif à trente quatre
livres.

Plus un corps de cuirace avecq son hausse col, trois grandes arquebuzes, deux de six pieds et l'autre de cinq pieds,
deux escoupettes de trois pieds de canon, les toutes à rou-

1. Planier, plan, uni, sans décor.

het, une petite rondache, un mousquet à mèche, deux four-
chettes, deux pistollets, un grand et un petit aussy à rouhet,
une arbaleste à jaillet, quatre meschans canons d'arquebuzes, deux bastons à deux bouts et un petit dart, le tout
apprétié par les apprétiateurs à six vingts livres [1].

Plus deux payres de gros landiers, deux cramaillères, une
petite palle, deux broches, l'une grosse et autre petite, deux
casse, le tout de fer apprétié par lesdicts apprétiateurs aveq
deux grilles aussy de fer, à vingt livres.

Plus deux grandz potz de cuivre l'un tenant un seillau et
demy et l'autre deux paintes, deux potz de fer, l'un tenant
trois paintes et autre deux, aveq leurs quatre couvretoires,
et une autre deux d'ayrin et trois de fer et deux quillères,
une de fer et autre d'ayrin, deux poisle à queue de moyenne
grandeur, apprétié le tout à vingt livres.

Une fourche de moullin de fer, trois grands chaudrons...

Plus une buhe, un bassin, fasson de Tours, une quarte,
une painte, une trois rocquilles, une choppine, une roc-
quille, une esvière, une sallière, un gobellet, un grand plat,
quinze autres platz moyens, une escuelle à oreille, quinze
assiettes et un flacon, le tout d'estain apprétié par lesdits
apprétiateurs à trente-six livres.

Plus au fourny c'est treuvé la met...

Plus la garniture de deux chaslitz tournés consiste en
huit pantz de courtine de lenne, faict de broderyes, les rideaux et le ciel de lenne de sarge blufve, fort uzées, et de
l'autre les rideaux aussy de sarge verte et le ciel de toile,
ensemble deux lictz de pleume avecq les deux traverciers
merchés et faictz en ouvrage avecq trois cothelouvres [2] telles
quelles apprétiée à quatre vingtz deux livres.

---

1. En note, de l'écriture de Paul de Rabaine: « Le tout s'est perdu, tant au
pillage de Pons que au pillage qui m'a esté faict dans ma maison par la com-
pagnie du baron de Touraille. Le mousquet à mèche est à Bernessard; le
petit pistollet est en ma maison ; j'ay les deux bastons et dart. »
2. Ce mot n'existe dans aucun ouvrage.

Plus les deux licts des deux couchettes aveq leurs traverciers aussy de pleume faicts en ouvrage, et deux cothelouve
uzé.

Plus en l'un desdicts coffres c'est treuvé une robe de taffetas noir, estoffé en descoupure à double d'un satin incarnat et taffeta bluf et les paremans du collet et manches de
satin incarnat et bluf, avecq un corset de damas incarnat,
grys et bluf, ensemble un cotillon de camellot de Lisle
avecq six bandes de taffetas tout autour par devant, comme
aussy un dessoubz de robbe de vellours chenillé noir, le tout
à quatre vingts livres.

Plus quatre quillers d'argent aveq leur estuy, apprétié à
neuf livres.

Plus vingt deux linceux de lain et cherve, presque neufs,
apprétié la pièce, l'un portant l'autre, à six livres, revenant
le tout à six vingts douze livres.

Plus trante un banlins [1] tant neufs que uzés... plus une
nappe ouvrée, ayant trois aulnes de long et seize serviettes
de mesme toille, apprétié à vingt livres. Plus trois nappes
fines de toille de lain ayant chescune trois aulnes, et trente
quatre serviettes de mesme toille, ensemble quatre autres
nappes de toille de cherve, de pareille longueur et quatre
douzenne de serviettes. Davantage six grosses nappes de
toille d'estouppe et dix neuf serviettes de mesme toille et
fort uzé, en outre dix essuemains que meschans draps servant à essuer les mains, le tout apprétié à cinquante quatre
livres.

Plus en un autre desdicts coffres c'est treuvé une boyte
ferrée et fermant à clef, en laquelle c'est aussy treuvé des
canevats pour faire quatre pantz de courtines, estans couppé
à bandes, sur partie desquelles bandes y a des broderyes de

---

1. En vieux langage de l'Aunis et de la Saintonge c'est un drap de lit. Ce
mot, dit-on, formé de la contraction du bas latin *pannus lineus*, dont la traduction littérale est « drap de lin » (Havard, *Dict. de l'ameublement*).

soye orangé, vert, viollet et blanc, et outre de la soye pour achever les garnitures, sçavoir cinq escheveau de soye blanche, six orangé, quatre de vert, et deux de viollet, qui n'a esté apprétié pour n'en sçavoir la valleur.

Plus en une autre boyte c'est trouvé un chappron de vellours noir ayant la brodure d'argent apprétié à douze livres.

Plus deux travaillolles de toile blanche, l'une planier, l'autre brodée à carreaux, davantage quatre souille [1] d'orillers, deux de toille de Hollande, l'une ayant du rescur autour, et les autres deux de toille de peys, et une ayant le dessus de rescur [2], apprétié le tout à dix livres. Plus c'est treuvé une boyte, laquelle en une poche de toile c'est treuvé pleine de grande dantelle d'un commancement de tavaiolle et de grand quantités de rezeurs que ledict escuyer a dict estre à faire, çomme il ouy dire plusieurs foys, ladicte tavaillolle [3] et un linceul de cheminée qui n'a esté apprétié pour n'en sçavoir la valleur.

Plus trois quarts de satin à fleurs de couleur d'amarante appretié à six livres.

---

1. *Souille* est bien un mot usité dans le vieux français pour désigner une taie d'oreiller ; mais il faut peut-être lire *soicille*, à moins que le point sur l'*i* soit mal placé, ce qui n'a rien d'improbable. Cette hésitation est motivée par ce fait qu'en Saintonge on dit encore *sousille* en parlant du même objet.

2. En Angoumois on trouve *rezoir* que M. Havard pense être le même mot que razoir, mot dont la signification n'est pas nettement établie. D'après l'auteur du *Dictionnaire d'ameublement* ce serait une serge analogue aux razades ou razettes. Mais le mot rescul existe aussi avec le sens de réseau, analogue à la guipure. Rescul, rescur et rezoir doivent désigner une seule et même chose.

3. Tavayole, tavaiole. Furetière donne de ce mot la définition suivante : « Toilette (c'est-à-dire *petite toile*) dont on se sert en quelques cérémonies de l'église, comme pour rendre le pain bénit ou pour présenter des enfans au baptesme. Elle est faite de toile bordée de dentelle et quelquefois toute de point et d'autres ouvrages. Ce mot vient de toüaille qui s'est dit autrefois pour une nappe ou serviette. » La tavaiole servait encore dans les intérieurs comme couverture d'oreiller. Elle n'a aucun caractère liturgique dans cet inventaire. (Voyez Havard, *Dict. de l'ameublement*).

Plus un deau [1] d'argent, apprétié à seize solz.

Plus une boyte ronde c'est treuvé aultre rezeur gastée et une aube de toille de ninomple [2], en laquelle est la passion représantée en tavelle [3] d'argent, soye josne, verte, orangée, incarnat, gris et blanc, qui n'a esté apprétié.

Plus ledict cabinet c'est treuvé un basnot (*sic*) de vellours feuille morte, un diamant en pointe et un grenat enchassés de bague d'or, une licorne [4] enchassée en argent, une crapodine enchassée et une bague d'argent, le tout apprétié à cinquante livres.

Plus une montre [5] de chambre de cuivre doré, avecq sa clef, un sublet [6] d'argent ayant deux sonnettes et une dant de loup, une aiguille aussi d'argent, à l'usage de damoiselle pour porter aux cheveux et une petite chesnette d'argent, le tout apprétié à seize livres.

Plus une burette de terre, en laquelle y a du baume naturel, de la grosseur d'une noix, qui n'a esté apprétié pour n'en scavoir la valleur. Davantage y a oudict cabinet grand' nombre d'autres parures de damoizelle, comme deux ai-

---

1. Déau, dé.

2. Linomple, linon. Toile très fine.

3. Petit galon très étroit.

4. On sait en quelle estime pendant le moyen-âge, et jusqu'au XVIIe siècle, a été tenue la licorne. C'était une simple défense de narval, qui atteignait parfois des prix très élevés. Au XIVe siècle, et après, elle présidait aux essais. On croyait alors qu'elle révélait le poison dans les breuvages. Des commerçants fabriquèrent spécialement de la licorne, et comme la fraude était facile on vendait souvent de l'ivoire pour la précieuse matière. Ambroise Paré démontra son inefficacité. On vendait même de l'eau dans laquelle une dent de licorne avait séjourné, comme ayant la même vertu que l'objet lui-même, c'est-à-dire comme contre-poison. A partir de 1662, seulement, la croyance générale s'affaiblit rapidement en présence des révélations du père Kircher.

La crapaudine est une pierre qui avait, disait-on, la vertu d'indiquer, en suant, la présence du poison. (Laborde, *Glossaire*).

5. Probablement une de ces petites horloges que l'on posait sur un meuble ou une table.

6. Sifflet. Le mot est encore employé à la campagne.

guilles faictz en broderies d'or, argent, soye, une petite quillère d'argent de dragour et plusieurs chesures de geay, fil d'or, brasselets, pandans d'oreilles d'or en façon de roze, garnye de perles et diamants, un mirouher d'esbenne qui n'a esté apprétié... [1]

Le trantiesme jour de mars mil six cens trente sept, je greffier dudict Tanzac subz signé, à la requisition de Paul de Rabayne, escuyer, seigneur dudict Tanzac, me suis transporté à son chasteau dudict Tanzac, où estant il m'a remonstré que lors de la faction de son inventaire du premier lict, dès autre part, il auroit obmis de dire que des meubles y contenus, [sont] ceux qu'il avoyt recueillis et partagés avecq ses frères et sœurs, après le décès de damoizelle Marie Gombaud, dame dudict Tanzac et Cravans, vivant sa mère, et qui estoit au logis noble de Cravans, comme il se voit au partage faict d'iceux le premier de décembre mil six cens unze, reçue Cellier, greffier...

XXXVI

1654, 27 février. — Mémoire des prétentions que damoiselle Susanne de Rabaine, femme de François du Souchet, sieur de La Biguerie, dict avoir sur les biens de Paul de Rabaine, escuier, seigneur de Briagne en Tanzac, son père, avec les responces qu'il y faut faire.

1er article. Premièrement, il est deu à la dicte demoiselle la somme de trois mille sept cents quatorze livres par ledict sieur de Briagne, du dobt de Françoise de Saint-Laurents et de ses meubles, qu'il a touchées, receues et assignées sur tous ses biens et particulièrement sur ses tenantiers de Chartres et Chauveaux, qui estoient censés de vrai patrimoine de

---

1. L'inventaire perd tout intérêt. Il ne mentionne plus que les objets très vulgaires, barriques, mannequins, paniers, bujours, etc.

ladicte damoiselle de La Biguerie et des siens, estan ainsi par exprès porté dans ladicte assignation et n'ont les susdictes rantes peu estre vandues ni alienées à son préjudice.

Réponse. Respondant à icellui premier article, dict ledict Paul de Rabaine, que ladicte demoiselle Françoise de Sainct-Laurents, sa promière femme, mère de la dicte demoiselle de La Biguerie, décéda le vandredi vingt troisiesme jour d'octobre l'an mil six cents quinze, laissa, de leur mariage d'icelle deffuncte et dudict Paul, ladicte de La Biguerie et un fils nommé François, lequel François, frère de ladicte de La Biguerie, est mort et décédé l'onziesme décembre mil six cents dix neuf, quatre ans et quelques mois et jours amprès sa dicte mère, Françoise de Sainct-Laurents, ma femme, et partant j'avois ma vie durant uzufruict sur leur bien. Et quand à l'assignation qu'elle dict estre sur les rantes des Chartres et Chauveaux, elle ne se doibt plaindre pour cause que soit, n'aiant transporté les dictes rantes au sieur de Maurisse, avec aultres rantes, que pour la somme de deux mille deux cents cinquante livres, qu'icelui sieur de Maurice poia pour moi au sieur Claude Coudreau, marchant à Xaintes, duquel Coudreau j'empruntai mil escus, pour retirer ce bien de monsieur de Tanzac, mon frère, et le restant de deux mil deux cents cinquante livres, je l'ai poié des deniers dotaux et patrimoniaux de mes femmes seconde et troisiesme, qui estoient Louise de Beaumon et Elizabeth de Sainct-Mathieu.

2e article. Plus il appartient à ladicte damoiselle tous les acquets que ledict sieur de Briagne, son père, a faict depuis son premier mariage jusques au second, par l'uzance de Xaintonge, qui. suivant les licts, du premier sont au premier du second au second (*sic*).

Responce. A cella respond ledict sieur de Briagne que ladicte de La Biguerie face perquisition des acquets et paicments que j'ai fais, depuis le vingt neufviesme jour de janvier mil six cents dix, que j'espousai sa mère, jusqu'au vingt cinquiesme de mars mil six cents vingt trois que je convolai en secondes nopces, que si, oultre et par dessus les susdictes trois mil sept cents quatorze livres de susdict dobt de sa mère, et les obligations, debtes dont je demeure chargé, et que j'ai paiées et acquittées depuis mes susdicts convols et de l'argent tant de mes femmes seconde et troisiesme que de nos espargne et ménagemcnt. Je, Paul de Rabaine, sur ma conscience dict et desclare que j'ai mieux paiée et dobtée de mon bien icelle Susanne de Rabaine, ma fille, dame de La Bignerie, que je ne devois, sans me reserver le susdict uzufruict que j'avois, qui estoit le quart de son bien ; qu'elle face perquisition des acquets et paiements que j'ai fais pandant le vivant de sa mère, de ceux aussi que j'ai fais pandant mes convols second et troisiesme mariage.

3e article. Lesquelz acquets que la dicte demoiselle a peu descouvrir sont : Premièrement les rantes de chez Titoire, acquises de mademoiselle Feuillade pour la somme de sept cents quelques livres.

Respondant au susdict article, je, Paul de Rabaine, heus, par eschange de terres de mon dommaine et patrimoine, les dictes rantes du sieur et demoiselle de Feuillade, lesquelles terres, labourables qu'elles sont et sur lesquelles nous avions imposé rante, le dict sieur et demoiselle les vandirent quelque temps emprès la dicte transaction et eschange à maistre Michel Blancq, advocat à Pons, et aiant quelque argent du susdict dobt de la dicte de Sainct-Laurents, ma première femme, mère de la dicte de La Biguerie, ma fille, je retirai icelles terres, par droit de prélation et pour la somme de six cents livres ; j'ai les contracts. Il est bien à noter que je vandis à Jacques Mossion, notaire à Pons, demeurant au bourg de Jazennes, trois journauds de bois taillis, pour la somme de cent cinquante livres ; iceux trois journauds de bois estoient de mon patrimoine. J'emploie le susdict argent aux affaires de ce présent mémoire.

4e article. Plus une quartière de bled froment, proche les Touches de Champagnolles.

Respondant à icellui article, la dicte quartière appartenoit à Prégente Daniel, femme de Jacques Bourguein, demeurants au village de Chastenet, en Cravans. Je, Paul de Rabaine ai eue la dicte quartière de bled froment en eschange de trois pièces de terre, que je, le dict Paul de Rabaine, donnai audict Bourguein et Prégente Daniel, sa dicte femme, sises et situées, les dictes trois pièces de terre en la parroisse de Cravans, et lesquelles terres j'ai acquises de monsieur de La Mère, sieur de Corbin, en Embarais ; j'ai les tiltres en main. Faict le dict eschange et achapt des dictes terres emprès mon convol et second mariage.

5e article. Plus a paié le dict Paul de Rabaine ce qu'il debvoit pour sa part et portion qu'il devoit à mademoiselle de La Sale, sa sœur, qui est aussi un acquet qui se justifiera par ledict sieur de La Sale.

Responce. Respondant à icellui article dict, le dict sieur de Rabaine, que la dicte demoiselle de La Sale, son mari, ou descendants, facent voir, ou autres y prétandant interests, quels paiements j'ai fais à la dicte demoiselle de La Sale, ma sœur utérine. J'advoue que pour éviter procès je donnai à la dicte de La Salle certaine vaisselle d'argent et autres certains meubles, qui m'estoient escheus et obvenus entre ceux dont j'héritai de la succession de Marie Gombaud, ma mère, dont le restant est emploié dans l'invantaire signé Mossion.

6e article. Plus les bastiments qui se sont faicts avant son convol en secondes nopces, qui est le logis de Tanzac.

Responce. Respondant à cela, je, Paul de Rabaine, convolai en secondes nopces le vingt cinquiesme jour de mars mil six cents vingt trois. J'espousai Louise de Beaumon, mère de Jean et de Marie de Rabaine, le dict Jean, seigneur de Briagne, mon fils, et la dicte Marie, sœur du dict Jean, tous deux mes enfans et de la dicte Louise. Le dict logis, nommé de Tanzac, je le fis réédifier de certaine maison que j'avois eue de mon partage et aultres mazureaux, que je prins dans

mon dict partage et aussi toutes les cherpantes de la dicte
maison et mazureaux, et j'en achaptai pour quarante cinq
livres de matériaux ; et pour faire réédifier la dicte maison,
ainsi que dict est ci-dessus, la dicte Françoise de Sainct-
Laurents, ma femme, mère de la dicte La Biguerie, em-
prunta de monsieur de Soulignac, trante six escus et plusieurs
autres debtes dont je demeurai chargé. J'ai les obligations
et quittances pour les avoir paiées puis mes susdicts convols.

7e article. Plus tout ce qui est censé de nature de meubles, de quoi il y a invantaire passé par Mossion, notaire
roial, montant la somme de cinq mille cent livres.

Responce. Respondant à icellui, je, le dict Paul de Rabaine,
dis que dans le dict invantaire sont aussi bien contenus et
compris les meubles dont j'héritai apprès le déceps de
Marie Gombaud, ma mère, que ceux meubles appartenans
à la dicte demoiselle de La Biguerie, que je lui ai trop, plus
que de raison, restitués, aiant icelle emporté le plus beau
et le meilleur de ma maison.

8e article. Plus toutes les rantes et agrières que le dict de
Rabaine a retirées par offre de retraict lignagier, au nom de
la dicte demoiselle de La Biguerie des sieur et feu messieurs de Tanzac, son père, et oncle de la dicte demoiselle,
vandues, par décret, au sieur de Sainct-Denis de Cosnac,
qui lui appartiennent de droict, ne se pouvant qu'un enfant,
ou fille, face un retraict de biens vandus judiciairement, sans
estre émancippé, et partant les choses retirées lui appartiennent, sans contredict, la loy y est formelle et l'uzage de
Xaintonge aussi.

A cella respond le dict de Rabaine : le lundi seiziesme de
mars que nous contons 1654, la dicte de La Biguerie aura
41 ans. Elle est née le vandredi 16e mars 1612, et je, Paul
de Rabaine, retirai les sus-dicts biens le 9e jour du mois
d'apvril 1624, un an et 15 jours après mon convol et second
mariage avec la dicte Louise de Beaumon, mère de mes
susdicts enfants, Jean et Marie de Rabaine. La dicte de La

Biguerie estoit aagée de douze ans, un mois et six jours. Pour retirer icelui dict bien il est véritable que je m'aidai et servis du nom de ma dicte fille de La Biguerie, mais je paiay le dict bien pendand mon convol et second mariage, tant par aultres biens de mon patrimoine que je donne et argent que j'empruntai du sieur Claude Coudraud, marchand, demeurant dans la ville de Xaintes. J'en ai les contrats, obligations et quittances. Faict ce vandredi, pénultiesme jour de febvrier mil six cent cinquante quatre.

XXXVII

xviie *siècle (fin du)*. — Fragments d'un mémoire écrit pour la famille de Rabaine [1].

§ A   Guillon de Rabayne, escuyer, seigneur de Jamozac, de Rabayne en Pons, de Usson, de Jazennes, de Montils et de Roulfiac, de Cagoillac, de Corlay, d'Assi, chef des branches d'Usson et de Jazennes, seigneur des fiefs de Marennes, d'Hyers et de Saint-Jean d'Angeli.

La maison de Pisani estant tombée en quenouille, comme nous venons tout présantement de voir, en la personne de Jeane de Rabayne, dernière dame de Pisani, qui aye esté du nom de Rabayne, et ne se pouvant plus conserver que par le secours de la branche collatéralle, il faut faire revivre cette illustre race, qui périt dans la branche des aisnées, le 4 ou 5 novembre 1503, que mourut nostre Jeane de Rabayne, comme apert par son testament signé J. Boisseau et Gous, et la faire renaistre par le moyen de nostre Guillon de

---

1. Il n'éxiste que huit feuillets de ce mémoire sur papier, numérotés de 45 à 52, 69 à 76 ; la première page ne contient que neuf lignes et demie.

Nous avons ajouté les paragraphes, en marge, comme points de repère, de façon à pouvoir renvoyer de la notice et de la généalogie à cette pièce, et retrouver ainsi plus facilement le passage visé.

Rabaine, oncle de la dicte Jeane de Rabaine, puisque il estoit le fils puinay de feu messire Geoffroy de Rabayne et de dame Feynotte de Sainct-Astier, seigneur et dame de Pisani, Brassaus, Varsais, Jamozac, Montréal, Rabayne, Usson [1], Jazennes, etc., et par conséquent frère aussi puisnay de Jean de Rabaine, seigneur de Pisani, père de la dicte Jane de Rabayne, ce qui faict que je nomme nostre Guillon de Rabayne, oncle de la dicte Jeane, et non seulement à présent rejetton du nom, mais la véritable souche, puisque c'est nostre Guillon, qui, sortant, en droicte ligne puisnay, de messire Geoffroy de Rabayne et de dame Feynotte de Sainct-Astier, a provigné, par son mariage avec Marguerite
§ B Ardillonne, le nom de Rabayne, en faisant en ses deux enfans deux branches, dont celle de Lambert de Rabayne, qui estoit fils aisné du dict Guillon et de la dicte Ardillon, a duré jusqu'à présent soubs la qualité de Jamozac et d'Usson et celle de Jean de Rabayne, qui fut le fils puisnay du dict Guillon et Ardillonne et qui fut seigneur de Jazennes, et auquel les seigneurs de Briagne, de Perfons, qui, à présent sont les chimiers du nom, ont commencé leurs preuves à Limoges (par le partage d'Ivon et Chardon de Rabaine, ses enfans, qui partagèrent les biens du dit Jean, le 26 janvier 1497, par acte signé Micheau et Vinsonneau, notaires royaux, estant à Xaintes), a toujours duré jusqu'à présent sous le nom et qualité de Jazennes, Cravans, Tanzac et Briagne. Aussi, ce Jean, seigneur de Jazennes, fils puisnay de Guillon et de Marguerite Ardillonne, est celui qui n'estant que rameau a faict venir son rameau en véritable souche, s'estant marié avec demoiselle Liette Forestier [2], desquels

---

1. C'est une erreur : Usson n'est entré dans la famille de Rabaine que bien après Geoffroy de Rabaine. Cf. pièce XIII.

2. Ou Lefourestier, *aliàs* Le Fourestier. Elle était fille de Yvon Lefourestier, écuyer d'écurie de l'hôtel de Charles VII, roi de France, et de sa seconde femme, Marguerite de Jambes ou Chambes.

Voici, d'ailleurs, quelques notes généalogiques que je crois inédites sur

est venu Ivon, père de Jacques, et Jacques, père de René,
et René, père de Paul, et Paul, père de Jean, tous seigneurs
successivement de Jazennes, en tout ou en partie, et de
Tanzac et Briagne, comme est le dict Jean, fils de Paul, à
présent chef et chimier du nom et des armes, comme nous
verrons le tout plus à clair, ci apprès. Il faut donc revenir
à nostre Guillon de Rabayne et en dire ce que nous pourrons, bien que nous en ayons très peu de mémoires. Ile
premier en datte estant un dénombrement, signé Guineau-
§ C deau et scellé, en datte du 18 septembre 1408, que rendit
Jeane de Fresnay, vefve de feu Bernard de Noguers, tant

---

cette famille :

Denis Lefourestier, veuf de Tise (?) Peyrau, veuve de François de (Champagnolle, épousa Béatrix Ferrant, qui apporta Orignac, Sainte-Lannée, forêt de La Romade, forêt d'Orignac. Ils eurent : Yvon et Isabelle Lefourestier. Celle-ci épousa Perotin Ardillon (1404?). Denis Lefourestier fait hommage d'Orignac à Jean de Clermont, vicomte d'Aulnay, le 20 novembre 1408. Yvon Lefourestier épousa Catherine Marchand, veuve de Foulques Wigier, chevalier de Cosnac (1er avril 1440); pas d'enfant. Il se remaria (24 janvier 1423) avec Marguerite de Chambes, fille de Bernard et de Salville de Montlouis, et sœur de Jean de Chambes, chevalier, premier maître d'hôtel de Charles VIII, gouverneur de La Rochelle, seigneur de Monsoreau et d'Argenton. De ce mariage vinrent Jean, Chardon, Catherine, Eliette ou Luette et Anne Lefourestier. Yvon Lefourestier fut inhumé chez les frères mineurs de Pons, avril 1465. Chardon, son fils, épousa, à 28 ans, Jeanne de Pressac, fille de Jean, sieur de La Chèze, d'ou Méry, Jean, Artus et Louis Lefourestier. Chardon mourut à Orignac le mercredi 13 août 1505. Artus fut religieux. Louis, après avoir été curé de Lorignac, épousa Françoise de Montagne. Méry épousa Jeanne de Martineau, dont il eut : François, né le 25 janvier 1477, Vullrin, né le 23 décembre 1502 ; Chardon, né le 19 mars 1504 ; Artus-Denis, né le 15 février 1506 ; Madeleine, née le 20 juillet 1500 (mariée à ..... Pierre Farnoulx) ; Jeanne, née le 20 février 1505 (elle épousa, en 1530, Jean de La Tour de Geay). François Lefourestier épousa en secondes noces Catherine Vidau, fille de Jean et de Jeanne de Vallée, seigneur et dame de Chassagne en Arvert, d'où vinrent : Jean, qui suit, François, Nicolas, Nicole, Louise, Antoinette et Françoise. Jean épousa Jeanne de Saint-Martin, dont trois filles ; l'une d'elles, Marie, épousa, à l'âge de 11 ans, René de Saint-Légier, écuyer, fils de René et de Peronne de Pradel, seigneur de Boirand et La Montagne (4 décembre 1578).

Voyez plus haut la pièce XVI.

en son nom que comme tutrice de Pierre de Noguers, leur fils, à noble et puissant seigneur Renaut de Pons, chevalier, seigneur du dict Pons et de Sainct-Mégrin, à cause de son chastel de Sainct-Mégrin, pour Boisron, La Montaigne, Lancrcvier et autres fiefs en Sainct-Ciers Champaigne, et autres lieux, en présence de Guillon de Rabayne, escuyer, et Heliotin Marthea, par lequel acte l'on voit qu'on lui donnoit la qualité d'escuyer, laquelle est appuyée par les partages de ses enfans et par les actes qui font sa filiation et descente de messire Geoffroy de Rabayne et de dame Feynotte de Sainct-Astier, ses père et mère, lesquels j'énonceray ci après n'ayant point son contract de mariage, qui est pourtant énoncé dans le partage de ses enfans, n'ayant point non plus de partage qu'il eust faict avec Jean de Rabayne, seigneur de Pisani, son frère aisné, ne s'en estant jamais faict entre eux, par la mort qui l'emporta jeune, comme il paroist par les poursuittes que firent son fils et ses petits enfans en divers temps, contre Jane de Rabayne, dame de Pisani, leur cousine, pour avoir leur partage[1], lesquelles poursuites je déclareray d'abord que j'auray produict le peu de pièces que j'ay, qui parlent de nostre Guillon de Rabaine, comme est le vidimus que fit faire nostre Guillon de Rabaine par Guillaume

§ D Guischar, notaire, l'an 1449, le 27 fevrier, du dénombrement qu'avoit autrefois randu, dès le dimanche devant Sainct-Laurents, qui est au mois d'aoust l'an 1313, Ponce Morée, parroissien de Sainct-André de Jorignac, héritier de dame Agnès Morée, vefve de messire Gombaud Arnaut, chevalier, à noble homme messire Geoffroy de Rabaine, valet, seigneur de Pisani, Rabayne, Jamozac et Montauzier en partie, ayeul, que nous appellons grand père du dict Guillon de Rabaine pour la dixine des fiefs de Ferrebeuf et de Chastagner, Odon, parroisse de Sainct-Macou.

Comme aussi parlent les lettres de tonsure de Lambert de

---

1. Voir pièce xv.

Rabaine, escuyer, seigneur d'Usson, frère aisné de Jean de
Rabayne, escuyer, seigneur de Jazennes, tous deux enfans
du dict Guillon de Rabaine et de Marguerite Ardillonne, seigneur et dame de Jamozac, en ses termes : « L'an 1419
le 18 du mois de mars, nous, Jean, [1] par la miséricorde di-
vine, évesque de Xaintes, par la teneur des présentes, faisons scavoir, à tous, que le jour susdict, à nostre cher en
christ Lambert de Rabaine, fils de Guillon de Rabaine,
de nostre diocèse de Xaintes, procréé de noble race, exa-
miné en litérature et autres choses et treuvé capable, et
de libre condition et engendré de légitime mariage, comme
il nous apparoist, après le sacrement de confirmafion, lui
avons mis la tonsure cléricale. Donné en la chappelle du
chasteau de Pons, scellé de cire rouge et signé par commandement de monsieur, Armigen. »

Tous lesquels tiltres lui establissent la qualité de gentilhomme, aussi bien que les actes ci devant autrefois allé-
gués, et que nous allons encor citer, qui font voir, outre la
qualité de noble et d'escuyer, qu'il estoit fils puisnay de messire Geoffroy de Rabaine, chevalier, et de dame Feynotte de
Sainct-Astier, père et mère du dict Guillon, car il est dict,
par les lettres, du 11 fevrier 1455, d'applégement, données
à Sainct-Porecin par le roy Charles, roy de France, le 34e an
de son règne, signée des Vergiers, et scellées, en faveur de
demoiselle Jeane de Rabaine [2], vefve de feu Jean de Rabaine,
escuyer, seigneur de Pisani, tutrice de Jeane de Rabayne,
leur fille, ayant pour coadjuteur Lambert de Rabaine, escuyer,
seigneur de Jamozac, fils aisné de nostre Guillon, cousin
germain de la dicte Jane de Rabayne, en la dicte curatelle,
contre Odet de La Balme prieur de Sainct-Eutroppe, pour

---

1. Jean le Boursier succéda en 1414 à Bernard de Chévenon. *Recueil de
la Commission des arts et monuments de la Charente-Inférieure*, t. III,
p. 215.

2. Il faut lire *Mambier*.

les dixmes des Rabainières, et par transaction aussi ci devant rapportée, passée, le mercredi 1457, le 18 de may, entre les dicts de La Balme et de Mambier [1], pardevant Robert d'Estouville, chevalier, seigneur de Beyne, baron d'Ivry et de Sainct-Andrieu en la Marche, conseiller, chambellan du roy et garde de la prévosté de Paris et devant Jean Drouard et Giles Godin, notaire du chastelet de Paris, touchant les dictes dixmes des Rabainières, qui demeurent à la dicte de Mambier et à Lambert de Rabaine, cousin germain de Jeane de Rabaine, coadjuteur de la dicte de Mambier en la dicte curatelle, et par l'acte de curatelle de la dicte Jeane de Ra- baine, dame de Pisani, ci devant aussi énoncé donné par Helies Guibourg, assesseur à Xaintes, de honorable et sage maistre Helies de Tourettes, licentié ès loix, lieutenant gé- néral de monsieur le séneschal de Xaintonge, le 19 janvier l'an 1449, à noble demoiselle Jeane de Mambier, vefve de feu noble homme Jean de Rabaine, escuyer, seigneur de Pi- sani, qui l'avoit ordonnée tutrice de Jeane de Rabaine, leur fille, par le consentement de Lambert de Rabaine, escuyer,

---

1. *Saint Eutrope*, par M. L. Audiat, p. 312. Odon de La Baume, quatrième fils de Pierre de Perceval de La Baume et d'Isabelle des Roches ; il fut, selon La Chenaye-Desbois, prieur des Déserts en 1399, puis de Saint-Eutrope en 1439, ce qui paraît difficile, puisqu'en 1476, à plus de 96 ans, il aurait fait encore des réparations à la crypte. En 1457, le 12 juillet, avec l'autorisation de Guy de Rochechouart, en présence de plusieurs témoins énoncés dans l'acte, Odon transige avec damoiselle Jeanne de Mambier, veuve en deuxiè- mes noces de Jean de Rabaine, veuf de Jeanne d'Hiers, seigneur de Pisany, tutrice de leur fille Jeanne de Rabaine, autorisée de subrogé-tuteur, Lambert de Rabaine, pour les dîmes et fruits croissant dans les fiefs des Rabainières et de Serrebœuf (*notre texte porte positivement Ferrebœuf*) de La Roche-Verax, du champ de Saint-Martin de La Borelle, du Cormier, de Sainte-Gemme et autres lieux situés en la paroisse de Saint-Eutrope. Le prieur renonce à tou- tes prétentions sur tous ces fiefs, sauf celui de Sainte-Gemme, et trois ou quatre journaux de terre y contigus vers le chemin de Saint-Georges. (Cf. *Saint Eutrope et son prieuré*).

Odet de La Balme avait pour armoiries : *D'or à la bande vivrée d'azur posée en bande*.

seigneur de Jamozac et d'Usson, et Jean de Rabaine, escuyer, seigneur de Jazennes frères, et de Geoffroy Gombaud, escuyer, parents et affins [1] de la dicte Jeane de Rabaine, mineure, comme appert par la baillette signée Rousseau, faicte à Varsais par la dicte damoiselle Jeane de Mambier, l'an 1455 le 14 de décembre. Laquelle filiation est encor mieux appuyée par les lettres de reprise de procès et d'interdiction du conseil de l'an 1493 du 29 janvier, signées par le conseil, Lolane § E et scellé, par lesquelles le roy Charles [2] à la supplication de Jean de Rabaine, escuyer, seigneur de Jamozac et d'Usson et Regnaut de Rabaine, escuyer, seigneur de Loubec, Rouffiac et Montils, frères et enfans de feu Lambert de Rabayne et de Anne de Montlieu, consorts en cette partie, d'une part, et Jean de Rabaine, seigneur de Jazennes et conseigneur de Jamozac, frères, estants tous deux enfans de Guillon de Rabaine, escuyer, et de demoiselle Marguerite-Isabeau Ardillone, qui avoient exposé (comme nous avons desjà dict une autre fois) au roy Charles, que feu Geoffroy de Rabaine, chevalier, en son vivant seigneur de Pisani, Rabaine, Brassaux, Varsais, Gemozac, etc., bisayeul des seigneurs d'Usson et Rouffiac, exposants, et ayeul du sieur de Jazennes, aussi exposant, auroit esté conjoinct par mariage avec feue demoiselle Feynotte de Sainct-Astier, dame en partie du viconté de Montréal, en Périgord, et de la chastellanie de Rioux en Xaintonge, desquels Geoffroy de Rabayne et Feynotte de Sainct-Astier, et de loyal mariage, furent nés et procréés Jean de Rabaine, escuyer, seigneur de Pisani, chevavalier de l'estoile et du porc-épic [3], qui demeura l'aisné, Guillon de Rabaine, escuyer, seigneur de Jamozac, qui fut le puisnay, et Marie et Homme [4] (*sic*) de Rabayne, leurs

---

1. Du latin *affinis*, *affinitas*, allié, alliance.
2. Voir pièce xv.
3. Ordre du camail ou du porc-épic, institué par Louis, duc d'Orléans, frère de Charles VI, en 1394, et supprimé par Louis XII.
4. Voyez pièce xv.

sœurs, lesquels Geoffroy de Rabayne et Feynotte de Sainct-
Astier, père et mère des dicts Jean, Guillon, Marie et Homme
de Rabaine, moururent, il y a longtemps : car Geoffroy mou-
§ F rut l'an 1416, saisis de plusieurs grands biens meubles,
domaines et terres héritages et seigneuries, situées en Xaintonge et ailleurs, délaissés à eux survivants, les dicts Jean de
Rabaine seigneur de Pisani, et Guillon de Rabaine seigneur
de Gemozac, avec les dictes Marie et Homme de Rabaine
leurs sœurs, héritiers seuls et pour le tout et pour leur
quote part. Lequel Jean de Rabayne, seigneur de Pisani, leur
fils aisné et frère des dicts Guillon, Marie et Homme, se
seroit marié en premières nopces avec demoiselle Jane de
Hyers, dame d'Hyers, à présent Brouage, de Sainct-André
Rocheeyraud et La Bastardière, d'où ne vint qu'un fils, Etienne
de Rabaine, mort jeune, avant son père, puis se remaria, en
secondes nopces, à demoiselle Jane de Mambier dont (est)
issue Jane de Rabaine, dernière dame du nom de Pisani,
qui a faict tomber la branche de Pisani en quenouille. Et
Guillon de Rabayne, escuyer, seigneur de Jamozac, fils
puisnay desdicts messire Geoffroy et dame Feynotte de Sainct-
Astier, lequel a continué la souche du nom et armes de Rabaine, jusques à présent, qui estoit aussi frère puisnay de
Jean de Rabayne, seigneur de Pisani, et des dictes Marie et
Homme de Rabayne, fut conjoinct par mariage avec Marguerite Isabeau Ardillonne, dont sont issus Lambert de Rabaine, seigneur de Jamozac, qui fut l'aisné, père de Jean de
Rabayne, seigneur d'Usson, et Arnaut de Rabayne, seigneur
de Rouffiac, exposants, et Jean de Rabaine, exposant,
seigneur de Jazennes, qui est le puisnay, et Pierre de Rabayne, frère cadet et troisiesme des dicts Lambert et Jean
qui estoient tous trois enfans desdicts Guillon et Ardillonne,
et les dictes Marie et Homme de Rabayne, sœurs des dicts
Jean, seigneur de Pisani, et Guillon, seigneurs de Jamozac,
se contindrent sans se marier, lequel Guillon de Rabayne,
seigneur de Jamozac, ayeul des dicts seigneur d'Usson et

Rouffiac, et père dudict seigneur de Jazennes, exposant, mourut sans avoir faict partage avec ledict Jean de Rabayne, seigneur de Pisani, son frère aisné, ni avec les dictes Marie et Homme de Rabayne, ses sœurs, ayant laissé les dicts Lambert, Jean et Pierre de Rabaine, ses enfants, en bas aage et mineurs d'ans, ses seuls héritiers, et pour le tout, tant dans les biens qui lui devoient appartenir en la succession ja eschue des dicts messire Geoffroy de Rabayne et Feynotte de Sainct-Astier, ses père et mère, que des biens qu'il avoit eu par mariage de Margueritte-Isabeau Ardillonne, sa femme, desquels Lambert, Jean et Pierre de Rabayne, frères, enfans dudict Guillon Jean de Rabaine, seigneur de Pisani, §G leur oncle, prit la conduicte, charge et administration de eux et de leurs biens, et les mena à Pisani. Pendant lequel temps qu'ils estoient à Pisani, mourut le cadet ou troisiesme des frères, Pierre de Rabayne, laissant pour ses vrais héritiers, seuls et pour le tout, Lambert et Jean de Rabayne ses frères, comme aussi moururent quelques temps après les dictes Marie et Homme de Rabayne, tantes desdicts Lambert et Jean, sans hoirs ni enfans procréés de leur chair, laissant Jean de Rabaine, seigneur de Pisani, leur frère, héritier pour une moitié de leurs biens et Lambert et Jean de Rabayne, seigneurs de Jamozac, Husson et Jazaines, leurs nepveus, enfans de feu Guillon de Rabayne, leur frère, héritiers pour l'autre moitié, représentans ledict Guillon de Rabaine, leur père. Et certain temps après, les dicts Lambert et Jean de Rabayne, frères, voulans venir à partage, obtindrent certaines lettres après la mort de Jean de Rabayne, seigneur de Pisani, leur oncle et curateur, contre messire Nicolas Calfe, chambellan du roy, mari, en secondes nopces, de Jane de Rabayne, dernière dame de Pisani du nom, leur cousine germaine, comme héritière du dict Jean de Rabaine, son père, contre lequel ils avoient desjà commencé procès pour leur partage (lequel procès, non plus que les dictes lettres, n'est point entre mes mains et doit estre à Brillac ou à Usson, chez monsieur le

conte de Sainct-Victours Grollière [1], ou à Tenac, près Xaintes, ches le sieur de Varsais de Chambre). Lesquels messire
Nicolas Calfe et Jane de Rabaine, sa femme, remonstrèrent
aux dicts Lambert de Rabaine, escuyer, seigneur de Jamozac
et d'Usson, et Jean de Rabaine, escuyer, seigneur de Jazennes,
frères, cousins germains de ladicte Jeane de Rabaine, dame
de Pisani, qu'elle, n'ayant d'héritiers qu'eux, ayant demeuré
longtemps en mariage sans avoir d'enfans, elle les supplioit
d'avoir patience, et qu'ils auroient tout son bien, ce qui auroit retardé leurs poursuittes jusques au jour et dattes des
présentes lettres, ayant assoupi à diverses fois, les dictes
poursuites, croyant qu'elle ne dissiperoit pas les biens de la
dicte succession comme elle a faict depuis peu qu'elle a
espousé, en troisiesmes nopces, un jeune gendarme incogneu,
vagabond, foible fils d'un bastard du seigneur de Méritain,
en Béarn, n'ayant naissance ni alliance, qui veust lui avoir
tout, comme d'une femme aagée et foible, ce qui faict que les
exposants, estants les plus proches parents de la dicte de
Rabaine et ses vrais héritiers, et que l'on lui faict grand
tort de vouloir vandre leurs biens, obtiennent les présentes
lettres pour reprandre le procès avec injonction et deffances,
tant à la dicte Jane de Rabaine, dame de Pisani, leur cousine germaine, femme prodigue, que à son dict mari de rien
vandre ni dissiper des dicts biens, pandant la reprise et continuation du procès, qui est commencé il y a desjà quinze ou
vingt ans [2], comme on voit par les présentes lettres, qui jus-
tifient très amplement de la descente de Guillon de Rabayne,
seigneur de Jamozac, Husson et Jazaines, des seigneurs du
marquisat [3] de Pisani, comme aussi de sa femme et des en-

---

1. Voir la généalogie branche d'Usson, § III.

2. Voir plus haut, pièce XV.

3. Pisany n'a été érigé en marquisat qu'en mai 1585 pour Jean de Vivonne.
Jean de Vivonne, par le vicomte Guy de Bremond d'Ars, p. 197 ; et Archives départementales de la Gironde, série B, reg. 41, f° 46.

fans qu'il eut d'elle, ce qui est encor confirmé par le mandement que donne pour l'exécution des dictes lettres d'interdiction et reprise de procès au premier sergent royal,
Jean, viconte de Rochechouard [1] et de Broullay, seigneur de
Tonnay-Charante et de Mauzé, conseiller et chambellan du
roy et son séneschal en Xaintonge, l'an 1493, le 5 fevrier,
par acte signé Bouschard, assesseur, et Hubert, greffier, et
scellè, en faveur de Jean et Arnaut de Rabayne, frères, escuyers, seigneurs d'Usson, Loubec et Rouffiac, petits enfans
de nostre Guillon, et aussi en faveur de Jean de Rabayne escuyer, seigneur de Jazennes, leur oncle, fils puisnay dudict
Guillon, touchant la succession de feu messire Geoffroy de
Rabaine et dame Feynotte de Sainct-Astier, sa femme, et ce
pour signifier à Loubat de Méritain et à dame Jane de Rabaine, dame de Pisani, sa femme, lequel acte a esté autrefois
rapporté. Cette descente et filiation est encor très bien confirmée par l'opposition de Loubat de Meritain, mari de la dicte
Jane de Rabaine, dame de Pisani, qu'il fit par acte signé
Moreau et Regnou, contre les seigneurs d'Usson et de Jazennes, l'an 1492 le 10 de janvier, estant en la ville de Pons,
en la maison de noble Jean de Rabayne escuyer, et de de-
§ H moiselle Liette Forestier, sa femme, seigneur et dame de
Jazennes, fils puisnay de Guillon de Rabayne, escuyer, seigneur de Jamozac, Usson et Jazennes, par laquelle opposition noble homme Loubat de Méritain, escuyer, seigneur de
Pisani, s'oppose à ce que Chardon de Rabayne, escuyer,
seigneur de Mazotte, en Pons, et de La Tousche et Saint-
Quentin, fils puisnay dudict Jean de Rabayne, seigneur de
Jazennes, et messire Laurent Longin, prebstre, procureur et
receveur de noble homme Jean de Rabayne, escuyer, seigneur
de Jamozac et d'Usson, fils aisné de Lambert de Rabayne,
escuyer, seigneur de Jamozac, icelui Lambert, fils de nostre
Guillon, facent partage et division des fiefs, territoires, cens,

---

1. Anselme, t. IV, p. 678, l'appelle Aymery. Il était marié à Jeanne de
Pontville, dite de Rochechouart.

rantes, devoirs, domaines et héritages, appartenances et des-
pandances de la maison et seigneurie de Rabaine, appartenants à noble demoiselle Jane de Rabayne, sa femme. A quoi
les susnommés répondirent, qu'ils ne vouloient pas faire partage final de la dicte maison de Rabaine, parce que partage
n'avoit point esté faict par leurs prédécesseurs, et qu'ils ne
vouloient partager que ce qu'ils avoient par forme de possession et par indivis, en attendant le partage, affin que les biens
fussent mieux entretenus pandant le procès, qui estoit indé-
cis, touchant le dict partage. Lequel partage le dict de Méritain, mari de Jeane de Rabayne, soustenoit avoir esté faict
entre Jean de Rabayne, seigneur de Pisani, son beau père,
et Guillon de Rabayne, seigneur de Gemozac, son frère
puisnay, père des dicts seigneurs d'Usson et de Jazennes.
Laquelle filiation est encore appuyée par les lettres de désertion d'appel, signées, Ragueneau, données par Charles, roy de
France, en faveur de Jean et Arnaut de Rabaine, escuyers,
seigneurs d'Usson, Loubec et Roufiac, et de Jean de Rabayne,
escuyer, seigneur de Jazennes, estant à Bergerac, l'an 1495
le 5 janvier, et signiffiées le 28 janvier 1495 par acte signé
Moreau, à Loubat de Méritain escuyer, et demoiselle Jane de
Rabayne, dame de Pisani, sa femme, avec assignation par le
mesme acte de signification au 20 fevrier 1495 par laquelle
lettre il paroist que (*blanc dans le texte*)

§ I Cette filiation paroist encor par les lettres d'appel,
signées, par le conseil, Ragueneau, dattées de l'an 1499 du
29 janvier, données par le roy Louis, en faveur de Jean et
Arnaud de Rabayne, frères, escuyers, seigneurs d'Usson,
Loubec et Rouffiac, enfans de Lambert de Rabayne, escuyer
seigneur de Jamozac et Usson, leur père, et Ivon et Chardon
de Rabayne, aussi frères, escuyers, seigneurs de Jazennes et
Mazolte, enfans de feu Jean de Rabayne, escuyer, seigneur
de Jazennes, cousins germains des seigneurs d'Usson et de
Loubec, tous quatre consorts en cette partie, qui ont exposé

au roy, que, dès le mois de janvier 1493, lesdicts Jean et
Arnaut de Rabayne, seigneurs d'Usson et Loubec et feu
Jean de Rabayne, escuyer, seigneur de Jazennes, leur oncle
père desdicts Ivon et Chardon, obtindrent du roy Charles,
en reprise de procès de partage et pour interdire à Loubat
et demoiselle Jane de Rabayne, dame de Pisani, sa femme,
de rien vandre ni aliéner des biens demeurés des déceps de
feu messire Geoffroy de Rabayne et de dame Faynote de
Sainct Astier, sa femme, seigneur et dame de Pisani, bisayeul et bisayeule des exposants. Nonobstant lequelles lettres ils n'ont laissé de vandre et eschanger, ce qui oblige les
exposants d'avoir recours au roy, pour avoir le présent relief d'appel et reprise de procès au parlement de Bourdeaux ; lesquelles lettres sont confirmées par le (*mot rongé*)
du sergent Jean Sorin, sergent royal, signé de lui, qui lui
signifia et donna assignation l'an 1499   de mars, à
Loubat de Méritain et demoiselle Jane de Rabayne, dame de
Pisani, sa femme, à Bourdeaux au 12 d'apvril suivant, pour
anticiper l'appel ou le voir déclarer désert à la requeste de
Jean et Arnaut de Rabayne, escuyers, seigneurs d'Usson et
de Loubec et de Ivon et Chardon de Rabayne, aussi frères
et escuyers, seigneurs de Jazennes et de Mazottes.

Cette filiation semble avoir encor une plus forte preuve
par l'acte de rétractation passé à Pisani, l'an 1499, le 7 de
janvier, environ deux heures après midi, dans la maison de
demoiselle Jane de Mambier, par acte signé P. Colineau,
par lequel noble demoiselle Jeane de Mandoyer, Mambier et
§ J Mambières, vefve de feu noble homme Jean de Rabayne, escuyer, seigneur de Pisani, et escuyer de l'escurie
du roy, chevalier de l'estoile et du porc-espic, et demoiselle
Jane de Rabayne, leur fille, femme de Loubat de Méritain,
déclarent et exposent à nobles hommes Jean de Rabayne,
escuyer, seigneur d'Usson, et à Chardon de Rabayne, escuyer, seigneur de Mazottes, tous deux cousins germains, et
aussi cousins germains de la dicte Jane de Rabayne, dame

de Pisani, que elles les avoient envoyé quérir pour les advertir que Loubat de Meritain les avoit tourmentées plusieurs fois pour leur faire passer des transactions et apointements touchant les seigneuries de Pisani, Brassaux, Varsais et leurs appartenances, à quoi elles n'avoient voulu consentir, voyant qu'elles et leurs consciences y seroient fraudées et trompées, comme aussi leurs proches parents et lignagers et leurs cohéritiers, et nommément revocquoyent, rétractoient et annuloient les transactions qu'il leur avoit faict passer par force et violence avec Colas de Courbon, seigneur de Saint-Léger, et dame Marguerite de Coitivi, dame de Montfort, femme de messire François de Pons, chevalier, seigneur dudict Montfort, ensemble toutes autres transactions, à elles préjudiciables et à leurs héritiers et proches parents à l'advenir. Et pour se faire relever de tous ses actes elle constitue leurs procureurs Jean de Rabayne, escuyer, seigneur d'Usson, fils aisné de feu Lambert de Rabayne, et Chardon de Rabayne, escuyer, seigneur de Mazottes, second fils et puisnay de Jean de Rabayne, escuyer, seigneur de Jazennes, et Louis de Brutail, mari de Barbe Bernarde, fille naturelle et légitimée de la dicte Jeane de Rabayne, voulant que les significations que ont faict faire le dict Jean de Rabayne et ses cohéritiers, par Micheau Moreau, à la dicte de Rabayne, à son de trompe ou autrement sortent leur plain et entier effect, qui sont les lettres de reprises de procès et d'interdiction, des années 1493, 29 janvier, signées Colanne, et 5 février 1493, signées Bouschard et Hubert et des 29 janvier 1499, signées Jagueneau. Par tous lesquels actes, aussi bien que par l'acte d'appel, signé Moret, l'an 1500 du 3 janvier, appert amplement de la filiation de nostre Guillon de Rabayne : car, par acte d'appel, noble homme Jean de Rabayne, escuyer, seigneur d'Usson se pleint contre Loubat de Méritain et demoiselle Jane de Rabayne, dame de Pisani, sa femme, cousine germaine dudict seigneur d'Usson et demoiselle Jeane de Mambier, sa

tante, mère de ladicte Jeane de Rabayne, de ce que contre
les inhibitions et deffances de ne vandre, permuter ou aliéner la seigneurie de Pisani et autres biens demeurés du
décès de feu Jean de Rabayne, escuyer, seigneur de Pisani,
son oncle, ils se sont efforcés de le vandre à messire François de Pons, chevalier, seigneur de Montfort, et ont tra-
vaillé à le faire recevoir à l'hommage des dictes terres par
les officiers du roy. Toutes lesquelles choses sont encor très
fortement appuyées par les lettres de relief d'appel données
à Bourdeaux et signées, par le conseilRagueneau, et scellées
par lesquelles le roy Louis donne, en faveur de Jean de Rabayne, escuyer, seigneur d'[Usson], l'an 1500 le 13 janvier,
des lettres d'interdiction et deffances tant contre demoiselle
Jeane de Rabayne, dame de Pisani, cousine et proche parante dudict seigneur d'Usson, qui le veust priver et frustrer
de sa succession, ensemble les autres cohéritiers, par l'advis
et poursuite du seigneur et dame de Montfort et de Louis de
Brutail, mari de feu Barbe Bernarde, fille naturelle de ladicte Jane de Rabayne et de maistre Guillaume Bernard, et
par la conduicte dudict Bernard et de maistre Geoffroy de
Prahec, lieutenant de Pons, qui ont voulu faire légitimer
ladicte Barbe Bernarde, née *ex damnato coitu* [1], à cause que
ledict Bernard est un des principaux officiers de Xainctes
et qui gouvernoit feu maistre Amaury Julien, lieutenant général du séneschal de Xaintonge, qui veulent faire intériner
les lettres de légitimation de ladicte feue Barbe Bernarde et
faire jouir monsieur de Montfort des biens et terres de la
maison de Rabayne, et en faire randre hommage au roy par
le seigneur de Pons, et de semblables autres torts et griefs,
desquels, tant pour lui que pour ses cohéritiers, le seigneur
d'Usson se rend appellant et demande inhibitions et deffan-

---

1. Cf. pièce XVII. Guillaume Bernard, licencié ès lois, sieur de Chadignac
et des Bernardières, maire de Saintes en 1503, après avoir été juré en
1488.

ces estre faictes audicts de Rabayne, de Brutail, de Montfort et autres de jouir des dictes terres. Desquelles lettres
de relief d'appel et inhibitions, l'an 1500, le 18 janvier, fut
faicte signification par Sorin, sergent royal, comme apperi
par rapport signé de lui, à Louis de Brutail, père et tuteur
de Jean et Loubat de Brutail, ses enfants et de feue Barbe
Bernarde, et à Loubat de Meritain et dame Jane de Rabayne, sa femme et demoiselle Jane de Mambier, mère de
ladicte Jeane de Rabayne, lesquels il assigne à Bourdeaux
au 6 de fevrier. Comme aussi, le 19 janvier mesme an, et en
mesme rapport assigna noble et puissant messire François
de Pons, chevalier, et dame Marguerite de Coitivi, sa femme
seigneur et dame de Montfort ; et, par mesme rapport, autant en fit le 20 janvier à honorables hommes et sages
messieurs maistre François Bouschard et Jean Gallet [1], licentié ès loix, lieutenant général et particulier, à Xaintes,
et à Ives de Vallée, substitut du procureur du roy et à Jean
Boucaut, commis du receveur du roy, et à Hugues Meschinet et Mathurin Hubert, greffiers de la séneschaussée de
Xaintonge, à la requeste de Jean de Rabayne, escuyer, seigneur d'Usson, faisant tant pour lui que pour ses cohéritiers.

L'on ne voit pas moins cette filiation par la requeste présentée au parlement de Bourdeaux, signée Baulon, et appointée par deux lignes latines, au pied, signées de Marcil-
lac et Baulon, portant que l'an 1500, le 8 de fevrier, Jean
de Rabayne, escuyer, seigneur d'Usson, remonstre que, pour
le priver de la succession de demoiselle Jane de Rabayne, sa
cousine germaine (bien que c'estoit de Lambert de Rabayne
son père qu'elle l'estoit), à laquelle il doit succéder, selon
disposition de raison et coustume du peys, Loubat de Meritain, mari de ladicte Jane de Rabayne, dame de Pisani, lui

---

1. Jean Gallet, maire de Saintes en 1529, sieur de Thezac et Diconche,
avait épousé Françoise de Lousme, dont il eut trois fils.

a faict passer des contracts frauduleux, passés et signés par
Vidaud Cruseau et Gilet Richard, notaires royaux, tant en
faveur dudict Méritain que de messire François de Pons,
chevalier et dame Marguerite de Coitivi, seigneur et dame
de Montfort, lesquels le seigneur d'Usson, demande et à
l'exécution desquels il s'oppose, aussi bien qu'à la légitimation de Barbe Bernarde, née, *a damnato coitu*, de la dicte
Jane de Rabayne et de Guillaume Bernard, laquelle ils ont
voulu faire légitimer à l'insceu des seigneurs de Rabayne,
vrais héritiers de ladicte Jeane de Rabayne, dame de Pisani, pour les priver de la succession et pour empescher qu'ils
ne fissent le retraict lignager des terres aliénées ce qui faict
que le seigneur d'Usson demande que la cause soit mise au
roolle des causes privilégiées, ce qui lui est accordé par le
parlement en les deux lignes latines cidevant dictes.

Cette descente est encor appuyée par la requeste signée
de La Chassaigne et entérinée à Bourdeaux, signée de Mar-
cillac et Baulon, et en datte de l'année 1500, du 9 fevrier,
par laquelle Jean et Arnaud de Rabayne, frères, escuyers,
seigneurs de Jamozac, Usson, Loubec et Roufiac, et Ivon et
Chardon de Rabayne, aussi frères, seigneurs de Jazennes,
Mazottes et conseigneurs de Jamozac, tous escuyers, représentent à messieurs du parlement de Bourdeaux que, le 11
février 1493, Loubat de Méritain, escuyer, et Jeane de Rabayne, dame de Pisani, sa femme, furent appellans de l'interdiction à eux faicte de non vandre, aliéner ni transporter
aucuns biens demeurés des déceps et trespas des feus messire Jeoffroy de Rabayne et de dame Feynotte de Sainct-
Astier, sa femme, bisayeul et bisayeule des exposants, à la
requeste des dicts Jean et Arnaut de Rabayne, seigneurs
d'Usson et Loubec et de feu Jean de Rabayne, escuyer, seigneur de Jazennes, leur oncle, qui depuis est allé de vie à
trespas, laissé à lui survivants les dicts Ivon et Chardon de
Rabayne, frères, escuyers, ses enfants héritiers et de feue
demoiselle Liette Forestier, femme dudict Jean de Rabayne

seigneur et dame de Jazennes, père et mère des dicts Ivon
et Chardon, lequel appel lesdicts Loubat de Méritain, et la
dicte Jeane de Rabayne, sa femme ne relevèrent point, ce
qui fut cause que les suppliants les firent assigner en désertion d'appel au 12 apvril 1449, à cause de quoi la présente
requeste est faicte et présentée à messieurs du parlement de
Bourdeaux, dont l'arrest de désertion d'appel signé de Mar-
cillac, donné sur la dicte requeste, qui fut appointée deux
jours après par l'arret qui l'appointa, donné l'an 1500, le 11
février au parlement de Bourdeaux en faveur de Jean et Arnaud de Rabaine, frères, escuyers et seigneurs d'Usson, Jamozac, Loubec et Rouffiac, et lesdicts Ivon et Chardon de
Rabayne, aussi frères et escuyers, seigneurs de Jazennes et
Mazotte, contre Loubat de Méritain, escuyer, et demoiselle
Jane de Rabayne, dame de Pisani, sa femme, confirme non
seulement la descente mais encores la resqueste, puisqu'il
est déclaré par cet arret que les dicts Méritain et Rabayne,
sa femme, ayant appellé, dès le 11 fevrier, l'an 1493, du
séneschal de Xaintonge ou son lieutenant, comme aussi de
Micheau Moreau, sergent royal, de certaine interdiction à
eux faicte, à la requeste desdicts Jean et Arnaut de Rabaine
frères, escuyers, seigneurs d'Usson et de Loubec, et de feu
Jean de Rabayne, leur oncle, escuyer, seigneur de Jazennes,
père des dicts Ivon et Chardon de Rabayne, frères, escuyers,
seigneur de Jazennes et de Mazottes, de non vandre, aliéner
ne transporter aucuns biens, des déceps et trespas de feu
messire Geoffroy de Rabayne et de dame Feynotte de Sainct
Hastier, seigneur et dame de Pisani, ce qu'ils ont faict, ce
qui oblige les demandeurs de obtenir le présent arrest de
désertion d'appel, ce qui est encor mieux appuyé que par
tous les actes précédents, par la seconde et dernière retractation que fit dame Jane de Rabayne, dernière dame de Pisani du nom, par son testament ou codicille passé à Pisani,
§ K signé Boisleau, vicaire, et Goux, l'an 1503 le 4 novembre,
lequel porte que noble dame Jeane de Rabayne, dame de

Pisani, femme de Loubat de Méritain, escuyer, estant au lict malade, dans son chasteau de Pisani, de la maladie de laquelle elle mourut, estant sur le poinct de recevoir le sainct sacrement, qu'elle receut par les mains dudict Boisleau, vicaire de la parroisse de Corme royal, en laquelle est le chasteau de Pisani (qui n'estoit pas encor lors érigé en parroisse [1]), dict qu'elle a esté mariée avec Loubat de Méritain, qui lui avoit promis deux mille escus d'or par leur contract de mariage et de la bien traicter, elle et sa mère, et advancer et marier deux jeunes filles, qui estoient en sa dicte maison de Pisani, moyennant quoi elle auroit donné 200 livres de rante audict de Méritain et faict depuis plusieurs donations lesquelles elle (rétracte ? *mot rongé*), pour les mauvais traictements quelle a receus du dict de Meritain, son mari, déclarés en ladicte retractation, par laquelle elle ratifie les dons faicts à Louis de Brutail et feue Barbe Bernarde, fille naturelle de ladicte de Rabaine.

Et par autre acte d'opposition faict en la séneschaussée de Xaintonge, signé Meschinet, l'année 1503, le 28 de novembre, par Jean Bretaut, procureur de nobles personnes Guidot Goumard, escuyer, sieur de La Vallée, en Pons, et demoiselle Marie de Rabaine, sœur de Ivon et Chardon de Rabayne, escuyers, seigneurs de Jazenne et Mazotte, et femme de François de Beaumon, escuyer, seigneur de Cravans, qui expose, en présence de maistre Hercules Carville, procureur de Loubat de Méritain, escuyer, et Laurent Gautier, procureur de noble et puissant messire François de Pons, chevalier, seigneur de Montfort, et de noble homme et sage maistre Arnaut de Tourettes, conseiller du roy et président à Bourdeaux, que estant venu à leur cognoissance que les dicts de Pons et de Tourettes avoient faict sommation audict de Méritain pour les terres et seigneuries de Pisani,

1. Cf. pièce XIV.

Brassaux, Varsais, La Ramade, les Rabaynières et autres que possédoit feue dame Jeane de Rabaine, dame de Pisani (morte depuis quinze jours ou trois semaines), ils s'opposent à la dicte sommation pour la conservation des droicts du dict (*mot rongé*) Beaumon et Rabaine, parce que ils estoient advertis que maistre Arnaud Faure, bachelier es droict ( ) et dame Marguerite de Coitivi, dame de Montfort, comme ayant procuration de messire François de Pons, chevalier, seigneur dudict Montfort, avoient vandu à noble et honneste et sage maistre Arnaut de Tourrettes, conseillier du roy, seigneur de Sainct-Disant du Gua, près Mirambeau, Larteau en Xaintonge, et second président à Bourdeaux, les terres de Pisani, Brassaux, Varsais, La Ramade et les Rabaynières à réméré perpétuel, comme ils l'ont eu de Jane de Rabayne, moyennant le payement de six mille livres et délaissement de quelques rantes et agrières aux sieurs de Prahec et de Montgaillard, comme appert par contract de l'an 1503 du 25 aoust [1], signé N. Regnou, lesquelles terres de Pisani, Brassaux, Varsais, La Ramade et les Rabaynières lesdicts messire François de Pons, chevalier, seigneur de Montfort, et dame Marguerite de Coitivi, sa femme, dame dudict Montfort ou quoi que ce soit, noble homme Colas de Courbon, escuyer, seigneur de Sainct-Léger, fondé de procuration dudict très noble et puissant messire François de Pons, chevalier, seigneur de Montfort, de Hyers et de ( ) conjoinctement avec ladicte dame de Montfort, avoient eu par eschange de noble homme Loubat de Méritain, escuyer, et de dame Jane de Rabaine, dame de Pisani, femme dudict de Méritain pour la prévoté, terre et seigneurie d'Hyers, à présent Brouage, avec ses appartenances ès dicts lieu de Hyers et isles, seulement pour 300 livres de rante par an, pandant la vie de ladicte Jeane de Rabayne, et apprès la mort de ladicte de Rabayne, le chasteau du Viroul, ruiné, comme il

---

1. Cf. plus haut pièce XVIII.

est, avec la terre de proche en proche, en semblable droict
et jurisdiction et 500 livres pour rebastir le chasteau dudict
Viroul, et s'assotient pour divers procès, sur tout pour celui
de La Bastandière, l'acte et contract passé à Xaintes en la
présence de maistre Geoffroy de Prahec, seigneur dudict
lieu, licentié ès loix, et noble homme Robert Paucaire,
escuyer, seigneur de La Taignère, par Cruseau, notaire royal,
l'an 1499, le 10 de décembre; lequel contract d'eschange,
passé entre les seigneurs et dames de Montfort et de Pisani, fut l'an 1499, le 13 décembre, qui fut trois jours apprès,
par contract signé Richardet Cruseau, ratiffié et approuvé,
estant au chasteau de Pisani, tant par ledict Colas de Courbon, fondé de procuration des seigneur et dame de Montfort
que par ledict de Méritain et demoiselle Jeane de Rabayne,
sa femme, de lui authorisée, que par demoiselle Jeane de
Mambier qui estoit encor vivante, mère de la dicte demoiselle Jane de Rabayne, et par Louis de Brutail, père et
tuteur de Jean [1] et Loubatte de Brutail, ses enfans, et de
feue demoiselle Barbe Bernarde, sa femme, avec des modi-
fications énoncées au dict contract. Et demesme temps
ledict de Courbon, fondé de procuration, comme dessus, fut mis par mesme contract en possession du
chasteau de Pisani en présence de Geoffroy de Prahec et
Robert Paucaire, et de vénérable et discrette personne
messire Pierre de Cor, prebstre, et Jean Durand et Regnaut
de Bordes. Lesquels actes estant très préjudiciables au dernier poinct aux véritables héritiers de la dicte dame Jeane
de Rabayne, dame de Pisani, tels qu'estoient les seigneurs
d'Usson et de Jazennes qui portoient mesme nom et armes,
comme aussi les Gommards, seigneurs d'Eschilais et de La
Vallée en Pons, et François de Beaumond, escuyer, seigneur

---

1. On trouve Jean de Boutailh, seigneur de La Croix, dans les *Rôles
saintongeais* de M. Th. de B. A., arrière-ban de 1553, page 19. C'est à tort
que, plus haut, dans la généalogie, il est appelé Louis.

de Cravans, comme mari de Marguerite de Rabayne, sœur du seigneur de Jazennes, ne se faut point estonner s'ils s'opposoient si vigoureusement, par procès et par querelles à la perte de tant de biens et belles terres, dont la succession ne leur apartenoit pas seulement comme héritiers en ligne collatéralle mais encor en ligne directe, la succession de messire Geoffroy de Rabayne et de dame Feynotte de Sainct-Astier, seigneur et dame de Pisani, leur bisayeul et bisayeule, n'ayant jamais esté partagée comme nous avons veu par tous les actes précédents, qui marquent plainement leur droict et leur descente généalogique, puisque nous avons veu par ses actes que messire Geoffroy de Rabayne et dame Feynote de

§ L Sainct-Astier, seigneur et dame de Pisani, Brassaux, Varsais, Rabaine, Faye, La Ramade, Pessines et La Martinière, et seigneur et dame en partie du viconté de Montréal en Perigord et de la Chastellanie de Rioux en Xaintonge furent père et mère de Jean de Rabaine, chevalier de l'estoile et du porc-épic, seigneur de Pisani et de nostre Guillon de Rabaine, escuyer, seigneur (*deux lignes rongées*)..... Guillon, seigneur de Jamozac, frère puisnay du dict Jean, lequel Guillon se maria, comme nous verrons, bien que je n'aye pas le contract de mariage, avec demoiselle Marguerite ( ) Ardillonne, fille de noble homme Helies Ardillon ( ) et demoiselle ( ) Geoffroy, *aliàs* de Saint-Coutans, seigneur et dame de Cou... aci, Cagoilac, et des fiefs nommés Hyers et Saint-Jean (d'An) geli, de Verrines, et du moulin de la grande roue à Sainct-Jean d'Angeli, comme on peut voir par le c[ontrat] (*mots rongés*) passé le septiesme (?) janvier de l'année 1442 à ( ) Gaillard estant garde du scel royal à Parcoul et Marsaut de Chastenet ( ) la dicte cour, entre nobles hommes Ithier de Beaumont, escuyer, seigneur de ( ) espoux de demoiselle Isabeau (Ardillon), et Lambert de Rabaine, escuyer, seigneur de Jamozac et d'Usson, et Jean de Rabaine, escuyer, seigneur de Jazennes, son frère, tous deux enfans de feu Guillon de Rabayne, escuyer, seigneur de

Jamozac, Usson et Jazennes et de demoiselle Marguerite-Isabeau Ardillonne, sa femme, père et mère des dict Lambert et Jean de Rabaine, touchant les successions à eux escheues et obvenues par le décèps et trespas de feu noble homme Helies Ardillon, escuyer, et demoiselle Isabeau Geoffroy, *aliàs* de Saint-Coutans, ayeul et ayeule des dicts de Rabayne, et celle de feu Jacquet Ardillon, escuyer, et feu demoiselle Pernelle Ardillonne, frère et sœur, leur oncle et tante, frère et sœur des dictes dames de Rioux et de Jamozac, l'acte délivré par Guillaume Guibert, notaire royal, demeurant en la ville de Pons et ledict partage ratiffié par après, par Jean Popelin, escuyer, et demoiselle Isabeau Ardillonne, sa femme, vefve du dict feu Ithier de Beaumon, qui donnent entièrement à Lambert et Jean de Rabayne, escuyers, le moulin de la grande roue de Saint-Jean d'Angéli,

§ M tout ainsi qu'ils l'ont arranté à Jean Boisseau, dit Moricet, l'acte passé en la ville de Saint-Jean d'Angéli par Mathelin Pernet, notaire dudict Saint-Jean le vingt et un jour d'octobre l'an 1452. Lequel mariage est encor appuyé par le allotement pour faire le partage des biens délaissés par lesdicts Guillon de Rabayne, escuyer, seigneur de Jamozac, et demoiselle Marguerite-Isabeau Ardillonne, sa femme, entre Jean de Rabayne, escuyer, seigneur d'Usson et Jamozac, fils de feu Lambert de Rabayne, seigneur de Jamozac, et Jean de Rabayne, escuyer, seigneur de Jazennes, oncle du sieur d'Usson, comme estant frère dudict Lambert, l'allotement signé seulement des deux parties Jean et autre Jean de Rabaine, confirmé par le partage qui suivit, conformément à l'allotement, le contract signé François, baillif, et Pierre Rensa (?) notaire à (   ), l'an 1492, le 27 fevrier, entre ledict Jean de Rabayne, escuyer, seigneur de Jamozac et d'Usson, faisant tant pour lui que pour Arnault de Rabayne, escuyer, seigneur de Loubec, son frère, et demoiselle Marie de Rabayne, femme de Pierre de Blois, escuyer, sieur du Seudre, enfans de feu Lambert et Jean de Rabayne,

escuyer, seigneur de Jazennes, leur oncle, frère dudict feu
Lambert. Tous lesquels tiltres font assés cognoistre d'où venoit
nostre Guillon de Rabayne, quelle a esté sa femme et quels
ont esté ses enfans, jusques à la troisiesme génération de ses
descendants, ainsi estant mort dans le fort des guerres des
Anglois qui doivent avoir faict perdre les actes qu'il avoit
passés, qui aussi peuvent avoir esté produits et non retirés
dans les grands procès qu'ont eu ses descendants, à Xaintes,
à Bourdeaux, à Blois, à Paris, pour la succession des grandes
terres héréditaires de sa famille ne scachant point ce qu'il
peut avoir faict de considérable dans sa vie, estant mort
fort jeune homme (laissant) de beaux biens et ses deux
enfans, Lambert et Jean de Rabayne à gouverner en la tutelle
et curatelle de Jean de Rabaine, seigneur de Pisani, son frère
aisné. Je reprendrai la suitte de la famille et nom par ses
dict enfants par le   d aisné (*plusieurs mots rongés. En
marge : fin de Guillon*) [1].

. . . .

§ N   Jacques de Rabaine et deux filles dont la première et
aisnée appellée Marie (*épouse de René de Guinanson*), escuyer, seigneur de La Brousse et de Vilsavier, près Ozillac,
et la seconde et puisnay, espouse de René de Sainct-Moris,
escuyer, sieur de Vespierre, capitaine gouverneur des chasteau et ville de Pons contre les (Anglais?) qui fut seigneur de
Roschaves [2] et de Sainct-Seurin de Clerbise, près Pons, à
cause d'elle, comme nous allons voir, apprès que nous aurons rapporté le testament mutuel de noble homme Ivon de
Rabaine, escuier, seigneur de Jazennes, et de demoiselle
Marie de Sansac, sa femme, par lequel, passé à Jazennes
par Colineau, notaire royal, et de lui signé, l'an 1519 le 4
juillet, les dicts Ivon de Rabaine et Marie de Sansac ordon-

1. Ici se terminent les huit premières pages qui se suivent. Le texte qui
vient après commence en haut de la page 69, c'est la fin d'un article de la
généalogie.

2. Cf. pièce XXVII.

nent estre enterrés en leur église parrochialle de Nostre-
Dame de Jazennes, devant le grand autel et qu'il soit dict
300 messes pour eux, leurs parents et amis trespassés, donnent 40 sols à la fabrique de Jazennes, et 10 livres à messire Hugues Pasteur, curé de Sainct-Sigismond de Pelouail-
le, pour un trantain, et 10 sols une fois payés au plat des
trespassés pour augmanter le service. Et touchant leurs
biens instituent pour héritiers leurs chers et bien aimés
Françoise, Marie et Jacques de Rabaine, leurs enfants na-
turels et legitimes ; scavoir est, les dictes Françoise et Marie de Rabaine, sœurs, en leurs maisons, cents et rantes, qui
leur ont esté constituées en faveur de mariage avec René de
Sainct-Moris et Jean de Guinanson, escuyers, leurs gendres,
et baillées en assiette, selon le traicté de leur contract de
mariage, et si leurs assiettes n'estoient parfaictes seront par-
achevées par leurs fil Jacques de Rabaine. Et touchant
Thomas, soit disant de Rabaine, et bastard dudict Ivon, ce
qu'il n'advoue ne n'approuve, mais parce qu'il voudroict
prétendre quelque droict dans les biens du dict Ivon, ce
que ledict Ivon ne veut ne n'entend ; toutefois si il fust ainsi
qu'il fust son fils bastard et qu'il deust avoir quelque portion de ses biens, il, ledict Ivon de Rabaine, veust et entend
que ledict Thomas, soi-disant de Rabaine, et son bastard,
aye que vingt escus d'or, assurant qu'il lui a cousté plus de
cinq cents livres, qui estoit beaucoup lors, pour le faire
homme de bien, tel qu'il l'estime qu'il l'est, et aussi que ledict Thomas est riche et (   ) en biens autant que ledict
Ivon de Rabaine. Ordonnent lesdicts de Rabaine et de Sansac leurs executeurs testamentaires leurs chers et bien aimés
noble homme Pierre de Blois, escuyer, seigneur du Seuldre
et maistre Helies Despont, bachelier ès droicts, lequel mesme jour et an que lesdicts de Rabaine et de Sansac eurent
faict leur testament mutuel, devant le mesme notaire, Colineau, le mesme jour 4 juillet 1519, Ivon de Rabaine, escuyer, seigneur de Jazennes, donna consentement, escript

en parchemin, à l'entérinement des lettres de (légitimation)
de Thomas de Rabaine, par lequel consentement ledict Ivon
de Rabaine ordonne audict Thomas de mettre une basre
dans ses armes, comme bastard doibve faire, et de ne prétendre aucune part dans ses biens présents et advenir, acquis et à acquerir, au préjudice de ses autres enfans et hoirs
et successeurs légitimes qui les représentent et représente-
ront ou pourront représenter, soit par succession directe, in-
directe ou collatéralle, sans lesquelles clauses le dict Ivon
de Rabaine ne consentiroit à l'entérinement des dictes lettres de légitimation, duquel dire Marie de Sansac, pour ses
enfans   et déclaré que si il se faisoit autrement elle
s'opposoit à la dicte légitimation. Après lequel testament
faict lesdicts conjoints seroient morts, scavoir ledict Ivon, le
septicsme janvier 1520, et ladite de Sansac, le mesme an
1519, laissant ledict Jacques leur principal héritier comme
nous allons veoir.

§ 0   Jacques, deuxiesme du nom, de Rabaine, escuyer, seigneur de Jazennes, Cravans, Saint-Seurin de Clerbise, Lus-
san sur Cherente et du Pui, aussi en la chastellanie de Ton-
nai Charante.

Jacques de Rabaine, escuyer, seigneur de Jazennes, comme nous venons veoir par les actes immédiates et préce-
dents, fut le seul fils de Ivon de Rabaine, escuyer, et de demoiselle Marie de Sansac, seigneur et dame de Jazennes,
ses père et mère, et est celui duquel descendent les vrais
chimiers et héritiers qui restent des (*mot rongé*, nom ?) et
armes de Rabaine, qui fut un très brave et galand homme,
comme nous verrons ci après qui appuyoient bien la qualité d'escuyer et de gentilhomme que ses devantiers lui
avoient acquise, car nous verrons, par après avoir faict
voir la descente et ses alliances, que il eut des affaires avec
deux familles des plus qualifiées de la province, avec les-

quelles il se demesla très galamment, en ayant laissé le
levain d'une à démesler et parachever à Jacques de Rabaine
(*sic*), escuyer, seigneur de Jazennes, son fils unicque, qui
mesme ne la peut pas parachever de son vivant, comme
nous verrons en sa vie, la transaction en ayant esté passée
par demoiselle Marie Gombaud, femme dudict (*sic*) René
(*sic*) de Rabaine, fils de nostre Jacques, duquel il est temps
de commencer la vie en disant que nostre Jacques de Rabaine, escuyer, seigneur de Jazennes, demeura mineur et
pupille apprès la mort de Ivon de Rabaine, escuyer, son
père, mort le 7 janvier 1520, demoiselle Marie de Sansac,
sa mère, estant morte quelques mois auparavant, vers la fin
de l'an 1519. Apprès lesquels déceps il fut donné en la tutelle et curatelle et entre les mains de Jacques de Rabaine,
escuyer, seigneur de Jamozac et Usson, son parrin et cousin
et de demoiselle Isabeau de Coucis, sœur de monsieur de
Burie, lieutenant de roi de Guyenne, depuis le Port de Pille
jusques aux monts Pirenées, femme dudict seigneur d'Usson, entre les mains des quels il ne peut pas manquer qu'il
ne fust très bien eslevé, estant né d'une maison des plus
considérables de la province, et toutes ses actions et sa con-
duite estant veillées et observées par la sœur et le beau-
frère du lieutenant de roy de la province, auxquels, outre
leur nom qu'il portoit, il estoit cousin second, autrement
remué de germain, et de plus filleul, qui faisant ainsi une
alliance spirituelle, les devoict lier d'esprit, comme ils l'estoient de sang. Lesquelles choses sont justifiées promière·
ment par les actes qui regardent l'exécution du testament
mutuel de Ivon de Rabaine et Marie de Sansac, ses père et
mère, des quels le premier est un extraict de recepte de ce
que Jacques de Rabaine, escuyer, seigneur d'Usson et de
Gemozac, receut des biens de nostre Jacques de Rabaine,
mineur d'ans, son cousin, comme estant son curateur, en
paille, en foin, en noix, en vin, en huille, en toille, en chanvre, en froment, en mesture, en farine, en avoine, en ar-

gent, en rante et en reste de pain de la charité [1], faicte à l'enterrement de Ivon de Rabaine, escuyer, seigneur de Jazennes, père du mineur; dans lequel extraict est aussi dict que Thomas de Rabaine, le bastard, a eu deux barricques de vin et la demoiselle de Saint-Moris, sœur dudict mineur a eu de la farine et 95 livres 7 sols; l'acte signé sans datte, F. Adien, procureur de mademoiselle d'Usson. Le second est un extraict des mises faictes par Jacques de Rabaine, escuyer, seigneur de Jamozac et d'Usson pour Jacques de Rabaine, son cousin, sieur de Jazennes son mineur, en qualité de son curateur, pour le payement de messire Hugues Pastour, vicaire de Jazennes, pour les mortuaires de feu monsieur et mademoiselle de Jazennes, et pour le cuisinier du service, et pour Balthazar, apoticaire, tant pour drogues que pour luminaire, et à maistre Helies de Pont, pour ses vacations au faict de la curatelle de nostre Jacques de Rabaine, et à Guillaume Bertrand pour de la façon de 37 aulnes de toile, et aux fabricqueurs de Jazennes, et à Estienne Boiteau, menusier, pour la façoń de la chapelle ardante, mise sur la sépulture de feu monsieur de Jazennes, et à Simon Marion, marchand, pour 30 aulnes de drap noir pour les capuchons des pauvres, et pour 4 aulnes de drap, pour faire un manteau à nostre Jacques de Rabaine, mineur, que lui donna ledict feu seigneur d'Usson, son cousin et curateur, le 27 juillet 1521, et pour la toile à faire des chemises et un pourpoint au mineur et pour la façon du pourpoint et des chemises, et pour le fourreau et fourbissure de l'espée du mineur, l'acte signé F. Adien, sans datte, procureur de mademoiselle d'Usson; et le troisiesme est une quittance du 17 janvier 1520, signée Juret, que donne Pierre Bonniozeau, peintre, demeurant à Pons à Pierre Le Blois, escuier, sieur

---

1. Pain distribué aux pauvres qui assistaient à l'enterrement.

de Roussillon et du Seudre, et à maistre Helies Depont, juge de Pons, comme exécuteurs du testament de feu Ivon de Rabaine, escuier, sieur de Jazennes, et par le commandement de M. d'Usson, curateur et de messieurs de Sainct-Moris et de La Brousse, beau-frère de nostre Jacques de Rabaine, de la somme de cent sols pour 48 escussons et la ceinture garnie tout autour de l'église de Jazennes, et le timbre devant le lieu où il est enterré ; le quatriesme est une quittance de Gabriel Giraudin, signée de lui, qu'il donne à Jacques de Rabaine, escuier, seigneur de Jazennes, le 24 fevrier 1523, pour raison de marchandise, prise en la bouticque dudict Giraudin, marchand, par feu M. de Jazennes, son père ; le cinquiesme est une quittance passée et signée par J. Boisnard, par laquelle Jean Cothard et François Barril, fabricqueurs de l'église parrochialle de Nostre Dame de Jazennes, près Ponts, donnent quittance de 40 sols, d'un costé, 10 sols d'autre, légués à leur fabricque par feu M. et mademoiselle de Jazennes par leur testament, de quoi les dicts fabricqueurs tiennent quittent les exécuteurs dudict testament ès présences de nobles personnes Jacques de Rabaine, escuyer, seigneur d'Usson, et de René de Sainct-Moris, escuyer, seigneur dudict lieu ; le sixiesme est la quittance que Simon Maron, marchant de Pons donne à Jacques de Rabaine, seigneur de Jamozac, comme curateur de Jacques de Rabaine, fils de feu Ivon de Rabaine, seigneur de Jazennes, et de feu Marie de Sansac, sa femme, de la somme de neuf livres, pour 13 aulnes de drap, qui fut baillé aux pauvres, lors du service du dict Ivon de Rabaine, la dicte quittance signée Helys, notaire, et sans datte ; le septiesme est la quittance du 27 fevrier 1520, signée Liénard Jaquidi, par laquelle Estienne Boiteau, menuisier donne quittance à Jacques de Rabaine, seigneur de Jamozac, comme curateur de Jacques de Rabaine, seigneur de Jazennes et feu Marie de Sansac, sa femme, de la somme de 40 sols pour la chappelle

ardente qui fut mise sur le seigneur de Jazennes le jour de
son service ; le huitiesme est une quittance du (vingt ?) cinquiesme fevrier 1520, signée Bertrand et Endecas, par laquelle Etienne Corpron, Guillaume Bertrand, Jean Bertrand
et Liot (*mot rongé*) se faisant forts pour François Barril et
Jean Cottard, fabricqueurs de Jazennes, confessent avoir receu
de noble homme Jacques de Rabaine, escuyer, seigneur
d'Usson et de Jamozac, comme curateur de Jacques de Rabaine, son filleul et cousin, 25 sols, que feu Marie de Sansac, en son vivant dame dudict lieu de Jazennes, avoict
emprunté de la dicte fabricque ; le neuviesme est une quittance signée Pasteur du cinquiesmè février 1520 par laquelle Guillaume Bertrand, tisseran, confesse avoir receu
vingt et un sols pour la façon de 37 aulnes de toile par les
mains de noble homme Jacques de Rabaine, comme curateur de Jacques de Rabaine, fils de feu noble homme Ivon
de Rabaine, seigneur de Jazennes ; le dixiesme est une
quittance signée Balthazar Chabirant et Colineau, notaire,
du 21 fevrier 1520, par laquelle Balthazard Chabirand, apoticaire, confesse avoir receu de noble homme Jacques de
Rabaine, escuier, seigneur d'Usson, comme curateur de Jacques de Rabaine, fils de feu noble homme Ivon de Rabaine,
escuyer, seigneur de Jazennes, et de feue Marie de Sansac,
la somme de 17 livres, à cause du luminaire faict à son
obit, huictaine et bout de l'an, et pour autres drogues, baillées pendant la maladie dudict Ivon de Rabaine ; le onziesme
est une quittance signée Depont, du 21 février 1520, par
laquelle Helies Depont confesse avoir receu de noble homme
Jacques de Rabaine, escuyer, seigneur d'Usson, comme curateur de Jacques de Rabaine, fils de feu Ivon de Rabaine,
escuyer, seigneur de Jazennes, et de Marie de Sansac, la
somme de 40 sols payés par une chartée de foin, vandue ce
mesme prix pour raison de ses vacations à faire la curatelle
du dict Jacques de Rabaine, mineur ; le douziesme est le
papier de service de monsieur de Jazennes, Ivon de Rabaine,

escuyer, qui en estoit seigneur, escript en sept longs feuillets
de papier, large de quatre ou cinq doits, signés Depont, lequel papier commence le jour de l'obit de M. de Jazennes
où il est parlé du marché faict avec le vicquaire de Jazaine,
tant pour son lict, autrement drap mortuaire, pour la huictaine, pour le luminaire, pour bout de l'an et autre devoir,
à onze livres et 13 aulnes de drap pour les pauvres por-
teurs de torches, prises chez Simonnet Maron, et 50 livres
données par monsieur de Saint-Moris, gendre du defunct le
jour de l'obit, qui lui furent randues ; dans la seconde page
du quel papier est parlé des mises faictes par Helies Depont,
comme exécuteur, en partie, du testament de feu noble
homme Ivon de Rabaine, escuyer, seigneur de Jazennes, le
jour de son obit, septiesme janvier 1520, pour les messes
du premier service de l'obit où furent dictes 3 grandes
messes de requiem, la première par monsieur de Champagnolles, la seconde par un des vicaires et la troisiesme par
l'autre vicaire de Jazennes, et où il y eut autres vingt-six
messes basses par les curés qui y sont nommés, outre lesquelles vingt-six des séculiers, le collége des Jacobins dirent
une grande messe et huit messes basses et quatre des Jacobins aydèrent à porter le corps, et avoient deux novices
avec eux ; et le collége des Cordeliers dict aussi quatre
messes, une grande et trois basses, et quatre Cordeliers aydèrent aussi à porter le corps ; et pour le second service,
le jeudi, qui fut de 36 messes, trois grandes, dictes à diacre
et sous-diacre ; et pour le tiers service faict le 28 janvier
audict an 1520 de mesme façon, et pour le dernier service
et bout de l'an, 42 messes de séculiers, trois grandes à diacre et sous-diacre, et dix-huict par le collége des Jacobins
et dix par l'ordre de la Trinité et pour dix-sept par le collége des Cordeliers, qui fut un nombre fort considérable de
messes dictes à chasque service que l'on fict pour Ivon de
Rabaine, ce qui faict remarquer et la piété et la grandeur
de la maison et de ses alliances, comme nous verrons en-

cor tout à l'heure par l'acte du premier avril 1522 [1], signé
Delas, greffier de Pons, qui est la reddition de conte que
faict devant maistre Thibaud Blanc, licentié ès loix, et assesseur de Pons, honneste personne Estienne Adien, comme
procureur de demoiselle Isabeau de Coucys, vefve de feu Jacques de Rabaine, escuyer, seigneur d'Usson, quand vivoit,
curateur de Jacques de Rabaine, escuyer, son cousin, fils de
feu Ivon de Rabaine, en son vivant, seigneur de Jazennes,
en nom et comme tutrisse des enfans dudict feu Jacques
de Rabaine, son mari, lequel seigneur d'Usson, son mari,
avoit esté ordonné curateur au dict Jacques de Rabaine, sei-
gneu rde Jazennes, et, ce faisant, avoit eu la charge des
biens dudict mineur et faict quelques mises et receptes, desquelles n'ayant peu randre conte audict seigneur de Jazennes du reste de la curatelle parce qu'il estoit mort devant
que de le pouvoir faire, pour cette raison la dicte Isabeau
de Coucis demande audict assesseur de Pons de vouloir
escouter le conte, et que pour cela elle avoit faict assigner le dict mineur soubs l'authorité de son curateur s'il
en avoit, sinon pour s'en voir pourvoir d'un pour recevoir
le conte, lequel dict Jacques de Rabaine, seigneur de Jazennes, mineur, a dict n'avoir point eu de curateur depuis
la mort de Jacques de Rabaine, seigneur d'Usson, son cousin, parrain et curateur, mais qu'il demandoit qu'on lui don-
nast pour curateur la personne de noble homme Regné de
Sainct-Moris, son beau-frère, présent en jugement, ce qui
lui auroit esté accordé par ledict assesseur de Pons, qui en
fit faire le serment audict de Sainct-Moris pour l'audition du
conte seulement, lequel conte ayant esté faict et randu par
ledict Adien, procureur de la dame d'Usson, et les mises et
receptes vériffiées par quittances et autrement, par lesquelles
s'est treuvé ledict Adien audict nom redevable de la somme
de douze livres, seize sols   deniers, comme il appert par

1. C'est notre pièce xxv.

les contes des receptes et mises et vériffication, le tout mis
entre les mains dudict de Rabaine et Sainct-Moris, son curateur et aussi honorable homme et sage maistre Melies de
Pont, juge de Pons à rendre conte et relicqua de la somme
de 49 livres et un sol, qu'il avoit receu des biens, comme
exécuteur du testament de feu Ivon de Rabaine, père dudict
Jacques de Rabaine, comme aussi des mises par lui faictes
pour les funérailles, obsecques dudict Ivon, qui se sont
montées à 55 livres 1 sol tournois, et par ainsi le mineur
s'est treuvé redevable audict Depont de la somme de six
livres, le tout verifié par serment et quittances dudict Adien,
lesquelles sont demeurées par devers ledict de Rabaine ; veu
lequel conte ledict assesseur de Pons condamne Adien au
nom de procureur de la dicte de Coucis de payer audict de
Rabaine, mineur, 12 livres 16 sols 9 deniers restants dudit
conte dans quinze jours, et ledict de Rabaine, mineur, la
somme de 6 livres audict de Pont, par lui avancées audict
mineur, l'acte passé devant ledict assesseur de Pons et signé
par registre, Delas, greffier. Lequel acte est encore appuyé
par la transaction passée par Colineau, notaire à Pons, en
datte du 27 avril 1524 collationnée le 25 avril 1667, par
Joubert notaire royal, et par Roulet, notaire du duché pairie
rie de Montauzier, et signée des dicts notaires et de Louis
de Triollon, chevalier, seigneur de La Brosse en Poitou,
ayant (deux mots rongés et effacés) et retirée pour la remettre
entre les mains de M. de Triollon, chevalier, seigneur de
Chamagnan   demeurant près du chasteau du Loin,
son oncle, et signé aussi de Jean de Rabaine, (   ) seigneur de Briagne et de Perfons, qui a requis ledict vidimus,
pris sur la grosse des sieurs de Triollon ; par laquelle transaction et quittance passée en la ville de Pons, en le lagis
desdicts de Sainct-Moris et Rabaine, sa femme, est dit que
ci devant en faveur de mariage d'entre noble homme René
de Sainct-Moris, escuyer, sieur dudict lieu et de Vespienne et
demoiselle Françoise de Rabaine, fille de feu noble homme

Ivon de Rabaine, en son vivant escuyer, seigneur de Jazennes, et de demoiselle Marie de Sansac, sa femme, les dicts de Rabaine et de Sansac promirent audicts de Sainct-Moris et de Rabaine, sa femme, leur fille, 50 livres de rente en assiette fief noble, scavoir le tiers en argent, tiers en froment et tiers en argent et avoine, selon la coustume de Xaintonge, ce qu'ils n'ont parachevé de faire, ainsi qu'a recogneu noble homme Jacques de Rabaine, escuyer, à présent seigneur de Jazennes, leur fils, frère de la dicte de Rabaine, et pour parfournir la dicte assiette de 50 livres de rante ledict de Rabaine, escuyer, a délaissé audict de Sainct-Moris, son beau-frère, et de Rabaine, sa sœur, tous les cents, rantes, fruicts, proffics, revenus et esmoluments qu'ils ont pris et levés de la seigneurie de Jazennes, au nom du dict Jacques de Rabaine, cédant ensemble tout ce qu'ils lui en pourroient devoir, depuis le passé jusqu'au datte de la transaction, moiennant quoi il demeure quitte du parfournissement de la dite rante, et les dicts de Sainct-Moris et Rabaine lui délaissent encor 20 sols de rante par an, qu'ils avoient coustume prandre sur Estienne Corpron, a eux donnés par le dict Ivon, père des dicts de Rabaine par contract, signé A. Rougier, ensemble tous les arresrages de la dicte rante qui pourroient estre deubs, et promettent les dicts de Sainct-Moris et Rabaine, sa femme, payer audict Jacques de Rabaine, lors qu'il voudra, 14 livres qu'ils lui doivent de conte et composition faicte entre eux et 50 escus soleil, en outre, que le dict de Sainct-Moris a baillé à très haut et très puissant François, sire de Pons, en cas que ledict seigneur de Pons ne les randroit pas audict de Rabaine, et trante quartières d'avoine que Jean Babin a aussi donné au seigneur de Pons que ledict de Sainct-Moris s'oblige aussi de payer au sieur de Jazennes, son beau-frère. Tous lesquels tiltres s'appuient et se fortifient si bien les uns les autres qu'il ne seroit pas besoing d'en produire davantage pour faire voir la descente de nostre Jacques de Rabayne, et pour faire voir qu'il est le seul masle né de Ivon de Rabaine, duquel le testament est appuyé par ses tiltres, aussi bien que par le suivant, qui est un contract de vante que faict Jean de Guinanson, escuyer, seigneur de La Brousse, tant en son privé nom que comme mari de demoiselle Marie de Rabaine, sa femme, l'an 1519, le 13 apvril, par contract passé et signé par Cavard, notaire royal, à Xaintes, estant dans la ville de Xaintes, par lequel, le dict de Guinanson et sa femme vandent à noble homme maistre Arnaut Queu [1], licentié ès loix, seigneur des Chastellars, près Les Espaux [2], en Xaintonge, et enquesteur aussi pour le roy en Xaintonge, les rantes en assiette noble, tant froment, avoine, argent, chappons, poulaille que agrières portées par ledict contract à eux appartenants, tenus à hommage de monsieur de Pons, soubs l'hommage qu'en faict audict seigneur de Pons noble homme Ivon de Rabaine, escuyer, seigneur de Jazennes, père et beau-père des vandeurs, lequel seigneur de Jazennes a baillé les dictes rantes (et agrières) à la dicte Marie de Rabaine sa fille, femme du dict de Guinanson, en faveur de mariage, lesquelles rantes et agrières sont comprises au fief des Roderies et au lieu appellé Lisle, en la paroisse Sainct-Martin de Pons, et au lieu appellé La Mothe en la paroisse de Sainct-Léger, et à Ligeardière et à Lagoine, en Sainct-Léger, et au fief du Cailleau, en la paroisse de Sainct-Seurin de Palennes, et à Mérignac, et à Montils et à Puyppellat, les agrières du fief Cailleau, contenant 72 journaulx, sur chaque journal desquelles y a 2 sols 6 deniers d'assiette noble, ensemble les rantes dans la (*illisible*) paroisses de Sainct-Martin et Sainct-Vivien de Pons, et à Soute, et à Jazennes, et les agrières des Roderies avec 2 sols d'assiette noble par journal, et en la paroisse de Préguillac, dans le fief de Rabaine, lesquelles

---

1. Il était maire de Saintes en 1525-1526.
2. Commune de Meursac. Le château du Chatelars existe encore, mais très détérioré.

rantes ont esté appretiées entre les parties pour assiette
noble (?) quartières froment 10 sols, quartières d'avoine à
3 sols 4 deniers, chappons 12 deniers, poules 10 deniers,
journal d'agrière (?) et le tout s'est monté 30 livres 3 sols 7
deniers, et le surplus, qui sera de reste (*mots illisibles*), ledict
de Guinanson en fera assiette au dict Queu toutesfois et quantes qu'il en sera requis, et ledict Queu en deubt donner la
somme de sept cents dix livres, sur quoi il en donna cons-
tant 310 livres au dict de Guinanson, le reste payable au
lieu de Pons dans huict jours, moyennant que ladicte de Rabaine, femme dudict de Guinanson, rattiffiast le contract et
que Guinanson donneroit audict Queu coppie de son contract de mariage et hommage.

§ P Tous lesquels actes ayant suffisamment faict cognoistre la
généalogie de nostre Jacques de Rabaine et combien il avoit
de sœurs et avec qui elles furent mariées, il faut maintenant
parler de ses mariages et des alliances qu'il prit dans tous
ses trois mariages (que nous savons ?) estre [1] de trois des plus
antiennes familles de la province de Xaintonge [et mesme
les deux derniers se peuvent dire grandes alliances, puisque
les aisnés des deux familles oultre qu'ils l'ont   au-dessus du
commun   eu des emplois considérables   ]
      [il fut en majorité et hors de curatelle qui]
[au bout de ses vingt-cinq ans comme nous avons (pu) remarquer par tous les actes précédents]   marquoient qu'il
      son contract de mariage   majorité, le
faisant de son propre chef, l'an 1524, le 19 juillet, par contract, signé Bonneau, par lequel contract de mariage noble
homme Jacques de Rabaine, seigneur de Jazennes, fils de feu
noble homme Ivon de Rabaine et de demoiselle Marie de
Sansac, seigneur et dame de Jazennes se maria avec demoi-

---

1. A partir de ce passage, il y a onze lignes presque effacées ou rongées.
Les mots entre parenthèses sont ceux que nous avons cru lire.

selle   de La Barte, fille de noble homme de La
Barte, aussi escuyer, sieur de Roschave et de Saint-Seurin
de Clerbise, et de demoiselle Isabeau Dugua, sa femme,

           porter généralemént tous ses biens et revenus,
tant de la maison de Jazennes, que autres biens en la maison
du sieur de Labarte et Dugua, sa femme, desquels lesdicts
de Labarte et Dugua doivent jouir pandant leur vie, et, moiennant cela, lesdicts seigneur et dame de Roschaves font leurs
héritiers universels ledict Jacques de Rabaine, escuyer, seigneur de Jazennes et Catherine de La Barte, sa promise et
prétandue espouse, pour jouir de tous leurs biens apprès leur
mort et de la moitié des acquets et meubles qu'ils feront
ensemble à l'advenir, en donnant à Anthoinette de La Barte,
sœur puisnée de la préparlée quinze cents livres de mariage,
si elle ne veust estre religieuse, avec autres clauses portées
audict contrat, et le dict Jacques de Rabaine assigne à sa prétandue espouse son douaire sur la seigneurie de Jazennes et
sur ses autres biens situés en Xaintonge, selon la coustume
du royaume et usance de Xaintonge, et sa préparlée lui donne
le tiers du revenu de deux mille livres d'usufruit, si elle meurt
avant lui, sans enfans, apprès la mort des sieur et dame de
Roschaves et, si c'est devant, il ne reprandra que ses biens
et le quart de tous les acquets, le contract passé à Sainct-
Seurin de Clerbise, en présence de nobles hommes Denis
Tartarin, Vigier de Sainct-Fort de Cosnac, Jean de Brutail,
sieur de Magelou et plusieurs autres personnes. Lequel contract de mariage est appuyé de trois consultations, dont la
première marque qu'il y eut un fils qui survesquit son grand-
père et sa mère, lequel n'est poinct nommé, auquel fils ledict
Jacques de Rabaine succéda pour une moitié et en eut la
moitié des biens de Sainct-Seurin de Clerbise, près Pons, et
de Roschaves, la dicte consultation signée de quatre advocats,
Gémon, de Cazaux, Darred, Ugond ; la seconde consultation
marquant aussi un fils qu'elle ne nomme poinct, auquel nostre Jacques de Rabaine, son père, survesquit et succéda, si-

gnée Chartier et Brialac ; la troisiesme consultation portant
mesme chose signée de quatre advocats, Roy, Berthelot, Pi-
chon, Arresrac [1]. Lesquels tiltres appuyent non seulement le
mariage, mais encor font cognoistre que nostre Jacques eut
un fils de la dicte de La Barte, duquel il eut du bien, et lequel
bien il faut que nostre Jacques l'aye en suitte eschangé à
René de Sainct-Moris, son beau-frère, qui espousa Anthoinette de La Barte, sœur de Catherine de La Barte, sa première femme, à cause de quoi ils estoient doublement beau-
frères, et ainsi ils peuvent eschanger la part qu'avoit dans
Jazennes ledict de Sainct-Moris, à cause de Françoise de
Rabaine, sœur de nostre Jacques, sa première femme, avec
celle qu'avoit nostre Jacques dans Sainct-Seurin et Roschaves, à cause de Catherine de La Barte, sa première femme,
sœur aisnée de ladicte dame de Sainct-Moris, car les
dictes terres de Roschaves et de Sainct-Seurin de Clerbise ont toujours esté du depuis dans la maison et nom
de Sainct-Moris, jusques à ce que Jean de Sainct-Moris,
escuyer, seigneur de Roschaves et du dict Sainct-Seurin de
Clerbise, vandit Roschaves au seigneur Bremond, baron
d'Ars [2], et donna Sainct-Seurin à sa fille en mariage, la
mariant avec le sieur de Lanche, qui lui randoit quelque

---

1. N. Arresrac, avocat au parlement de Bordeaux, sieur de Trillaud, vivait
en 1540.

2. L'importance de ces quelques lignes n'échappera à personne ; elles de-
manderaient un long commentaire : elles touchent, en effet, à des questions
fort intéressantes. Aucun biographe de Louis de Foix ne dit que le constructeur de Cordouan se soit fixé en Saintonge, et ne nomme sa femme et sa
fille. On pourrait même y trouver un argument contre l'opinion si répandue
qui fait mourir l'illustre ingénieur avant l'achèvement de son œuvre. Mais
cette discussion ne serait pas à sa place ici. Un Pierre de Foix, écuyer,
sieur de Favières, en 1616, doit être son fils. (*Voir manuscrits de la bibliothèque de La Rochelle*, 638, fol. 73).

Le premier seigneur de Rochave, dans la famille de Bremond, est Josias
de Bremond d'Ars, né en 1564, mort le 15 avril 1631. (*Maison de Bremond
d'Ars*, p. 87). Il serait intéressant de savoir en quelle année il acquit cette
terre. Les Saint-Maurice se disaient encore seigneurs de Rochave en 1610.

argent, qui fut employé avec la vante de Roschaves pour faire partie du payement de la terre de Favières, près Mosnac, que le sieur de Foix, ingénieur du roy, son beau-père, avoit achepté peu avant que de mourir et qui fut parachevée de payer par le dict Jean de Sainct-Moris, sieur de Roschaves.

Nostre Jacques de Rabaine, après la mort de Catherine de Labarte, sa première femme, et du fils de leur mariage, qui leur mourut aussi, peu de temps apprès, ne survivant que de très peu sa mère, ce qui donna la succession, de laquelle nous venons de parler, à nostre dict Jacques, son père, l'obligea aussi, se voyant sans enfans et avec quelques assés considérables biens, de songer à un second mariage, et, pour venir à bout de son dessein, rechercha demoiselle Catherine Bremond, fille du seigneur d'Ars, de laquelle le père ou grand-père, messire Jean Bremond, chevalier, seigneur de Balanzac et du dict Ars[1], estoit gouverneur d'Angoumois, il fallut obtenir dispense du pape, pour faire ce mariage, laquelle dispense est signée de Valmans, legatus, data Parisiis 7mo idus junii anno quinto l'an 1528, pro contrahendo matrimonio in tertio gradu affinitatis, portant que Jacques de Rabaine, lay, et Catherine Bremond, fille ou femme de Xaintonge, se sont fiancés par parolles de advenir et se veulent marier ensemble, mais que Catherine de La Barte, première femme dudict de Rabaine, estoit cousine au troisiesme degré de la dicte Catherine Bresmond, ce qui empesche la validité du mariage, s'il ne plaist au sainct père en donner dispense, laquelle dispense est donnée à condition de faire preuve de la paranté dans le pays, laquelle

---

1. Catherine de Bremond d'Ars, fille de *Charles* et de Marguerite Foreau de Tesson, était la tante de Charles de Bremond d'Ars, gouverneur d'Angoumois, Saintonge et Aunis, et non sa fille ou petite-fille, et petite-nièce du grand sénéchal d'Angoumois, Jean de Bremond de Balanzac. (*Maison de Bremond d'Ars*, p. 46, 50 et 21).

condition fut exécutée de point en point, ayant faict faire les affiches aux portes des églises et citer à Xaintes, devant monsieur le vicaire général les plus proches parents de part et d'autre, comme appert par lesdictes preuves, qui sont en latin, aussi bien que la dispense signées Rigaleau, loco secretarii, faictes à l'evesché de Xaintes, l'an 1528, devant Bernard Joubert, licentié ès droicts, chanoine et vicaire général de révérend père en Dieu messire Julian [1], évesque de

§ R Xaintes, par André Fouschard, procureur de noble homme Jacques de Rabaine, escuyer, et de demoiselle Catherine Bremond, qui avoient faict citer à Xaintes au 25 juin 1528, devant mondict sieur le vicaire général, nobles hommes Georges Bremond [2], damoiseau, Louis Bremond, damoiseau, Isabeau du Gua, damoiselle belle-mère en premières nopces de nostre Jacques de Rabaine, Marie de Rabaine, dame de Guinanson, et demoiselle Françoise de Rabaine, dame de Sainct-Moris, toutes deux sœurs de nostre Jacques de Rabaine, interrogés par Jean Dexmier, prebstre, de la paranté et consanguinité, les lettres ayant été apposées aux portes des églises de Saincte-Marie de Jazennes et de Sainct-Macoul d'Ars, où ne s'estant point treuvé d'obstacles, fut donnée la dispanse le 25 juin 1528, qui est dix ans après le testament d'Ivon de Rabaine, son père, et quatre ans apprès son premier mariage. Par lesquels actes nous voions qu'il demeura peu dans chasque mariage, car il se maria pour une troisiesme fois, l'an 1535, par la mesme raison qui l'avoict obligé de se marier pour la seconde fois, qui estoit de n'avoir point d'enfans, car je ne treuve aucun acte de ce second mariage qui me face cognoistre si il fut consommé, ou si le fut si ils eurent des enfans. Quoi qu'il en soit (produict, à Limoges

---

1. Julien Soderini.
2. Georges de Bremond d'Ars, fils de Jean et de Marguerite Corgnol, marié, suivant contrat du 26 janvier 1527, avec Aliénor de Vivonne, sœur d'Arthur de Vivonne, seigneur de Pisany, mari de Catherine de Bremond.

quatriesme pièce de l'invantaire et première pour Jacques)
par contract de mariage, passé par Dasnières, notaire à
Pons, et signé du dict Dasnières, estant au chasteau de
Cravans, le vingt sixiesme du moisd'apvril, l'an 1535, nostre
noble homme Jacques de Rabaine, escuyer, seigneur de
Jazennes, se maria pour la troisiesme fois avec demoiselle
Perrette de Beaumond, fille de noble homme Guillaume de
Beaumond, escuyer, seigneur de Cravans et de demoiselle
Françoise Arnaut, femme du dict de Beaumond. Par lequel
contract de mariage les dicts de Beaumond et Arnaut donnent à la dicte Perrette de Beaumond, leur fille, par préci-
put et advantage, tous meubles acquets et tierce partie de
leur patrimoine, à la réserve de l'usufruict, pendant leur vie,
avec 60 livres de rante en assiette en justice et jurisdiction
pareille à la leur, sans déroger au quint et succession par la
dicte préparlée, donnent, en outre, huict livres moins quatre
uires de marois salans, en jouissance, aux préparlés, dans
la paroisse de Sainct-Sorlin de Marennes, en la prise de
Milhard, et obligent les dicts Jacques de Rabaine et Perrette
de Beaumond de donner en dot deux mille livres pour toute
légitime à demoiselle Suzanne de Beaumond, leur autre
fille, sœur puisnée de la dicte Perrette, lors qu'elle treuvera
à se marier. Et si le dict Jacques de Rabaine meurt le premier, la dicte Perrette reprandra ses biens avec six vingt
livres de revenu pour son douaire sur les biens de son mary,
et logée et hébergée dans la maison de Jazennes avec autres
clauses y contenues.

§ S Dans lequel mariage de nostre Jacques avec la dicte Perrette de Beaumond il y eut plus de douceur pour lui que
dans ses deux premiers mariages, tant parce qu'il en eut
quatre enfans dont l'aisné, appellé Charles de Rabaine,
mourut sans estre marié et devant qu'avoir rien partagé,
laissant le droict d'ainesse à René de Rabaine, escuyer,
seigneur de Jazennes, Cravans, Tanzac, et de Gemozac en
partie, qui n'estoit que le puisnay et cadet du vivant du dict

Charles et qui fut le seul qui resta pour estre le rejetton et
la souche des seigneurs de Briagne, de Perfons, dont il
estoit le grand-père. Ils eurent aussi deux filles de leur
mariage, sœurs germaines des dicts Charles et René, desquelles l'aisnée, Anthoinette de Rabaine, espousa Henri
Gombaud, escuyer, seigneur de Loron, et la puisnée, Françoise de Rabaine, espousa Charles Guinot, escuyer, sieur de
Beaupreau, en Rioux, qui sont les quatre enfans nés du
mariage de nostre Jacques avec Perrette de Beaumond, avec
laquelle s'il gousta quelques plaisirs, il eut bien des tra-
verses par toute la paranté de sa femme, qui se santants
sortis de cette antienne et illustre maison des contes pairs
de Beaumont en Beauvoisis, d'où ils viennent cadets, lui
vouloient contester les honneurs de son église de Cravans,
où il se maintint fort glorieusement et vigoureusement, comme
nous verrons ci apprès, quand nous aurons dict que comme
pandant qu'il estoit mineur il avoit esté en la tutelle et
curatelle de Jacques de Rabaine, escuyer, seigneur d'Usson,
son parrin et cousin il fallut aussi que, à son tour, il eust le
gouvernement, la conduicte et la curatelle de Charles de
Rabaine, seigneur de Jamozac, fils du dict feu Jacques, seigneur d'Usson, comme il se voit par l'acte signé, en original, Horri, greffier, donné en la séneschaussée de Xaintes,
le 7 fevrier 1529, par lequel Pierre de Rabaine, escuyer,
seigneur de Loubec, poursuit nostre Jacques de Rabaine,
escuyer, seigneur de Jazaines, et maistre Thibaud Blanc,
§ T tuteurs de Charles de Rabaine, escuyer, seigneur d'Usson et
Gemozac, pour partager ou du moins parachever le partage
commencé entre Arnaut de Rabaine, père du dict Pierre, et
Jean de Rabaine, seigneur d'Usson, ayeul du dict Charles,
frère du dict Arnaut, par lequel acte est ordonné au pied
que dans le jour on remettra le partage entre les mains des
juges, ensemble le présent acte et tout ce que les parties
voudront dire, confirmé par un autre acte de la séneschaussée
de Xaintonge, signé au registre, Chasseloup, du 4 avril 1530,

par lequel est ordonné aux tuteurs susdicts qui déclarent
n'avoir ni tiltres ni de inventaires du bien du mineur, qu'au
premier jour les parties exhiberont, produiront et se purge-
ront par serment, s'ils n'ont aucuns tiltres, confirmé par un
autre tiltre en original, donné à Xaintes en la séneschaussée
le 20 décembre 1529, signé Horri, entre le dict Pierre de
Rabaine, demandeur en partage, et défaut contre les dicts
tuteurs susnommés et Charles de Rabaine, mineur, qui avoit
un autre tuteur.

Sur quoi est ordonné que le premier procès, le défaut et
le présent acte seront mis devers la court pour en estre ordonné aussi bien que du principal qui est un reste de partage de rantes et de maisons à Pons, de quoi les deffandeurs
ont esté appellants, appuyé par un autre acte du séneschal
de Xaintonge, signé en original, Chasseloup, du 12 d'aoust
1527, entre le dict Pierre de Rabaine, escuyer, seigneur de
Loubec, demandeur, contre Charles de Rabaine, mineur,
représentant l'aisné, affin que lui ou son curateur, s'il en a,
rande les hommages à Pons, lesquels sont assignés au lendemain, et que en outre il exhibe le partage faict entre feu
Jean de Rabaine, seigneur de Jamozac et Usson, son ayeul,
et Arnaud de Rabaine, seigneur de Loubec, père du demandeur, lequel mineur déclare ne le pas avoir et que il y a procès au parlement de Bourdeaux entre lui et Pierre de Blois,
sieur du Seuldre, sur ce subject. Lesquels actes marquent la
paranté ci devant prouvée des seigneurs d'Usson et de Jazennes et qu'aussi notre Jacques de Rabaine avoit raisonnable-
ment du bien pour supporter une tutelle comme celle du
petit seigneur d'Usson, son parent et consanguin, et que
d'ailleurs il estoit bon parent et homme de bien, aussi s'ac-
quittoit il bien de ce qu'il devoit envers le roy et ses voisins,
comme nous verrons tout présentement, devant que de venir
à ses démeslés particuliers. Car nous allons voir premièrement par l'acte signé Blanchard et Senné, greffier, au 12
apvril 1552, donné devant monsieur Blanchard, lieutenant

§ U particulier de Xaintes où Jacques de Rabaine, escuier, seigneur de Jazennes, déclarant son revenu avec d'autres gen-
tilshommes, déclare tenir en fief six vingts livres tournois de
rante au sieur Claude de La Rivière, sieur de La Luzette,
député par monsieur d'Ozillac, au lieu et place de monsieur
d'Usson [1], de qui la vieillesse et maladie est cause qu'il ne
peut recevoir le serment des nobles et les conduire au ban
avec ledict seigneur d'Ozillac, avec l'ordonnance, au pied, du
dict sieur Blanchard, pour faire payer pour deux chevaux huict
vingts escus sol, pour les harnois et armes quarante (?) (escus)
sol et pour quatre mois de service six vingt livres tournois,
revenant le tout à douze sols tournois pour livre. Lequel acte
est appuyé par le procès verbal d'offre signé A. Doussoux, sergent royal, du second juillet 1552, produict à Limoges en septiesme pièce de l'invantaire, et qui se treuve la quatrièsme
des pièces qui parlent de nostre Jacques, par lequel nostre
Jacques de Rabaine, escuier, seigneur de Jazennes, déclare
estre pret de faire le service au roy dans le ban et arriére
ban, le seigneur d'Usson lui monstrant de qui il a eu les
deux chevaux et harnois, portés dans la commission et combien et à quel prix il les a acheptés, voulant qu'il soit visi-
tés par monsieur le séneschal, pour n'avoir deshonneur dans
le service du roy, offrant aussi les deniers du service. Lequel
acte est appuyé par un acte de défaut, donné à Xaintes, signé
Barguenon, commis du greffier, et enrégistré du 13 juin
1554, lequel défaut est taxé à 17 sols 6 deniers en faveur de
Jacques de Rabaine, escuyer, seigneur de Jazennes, procé-
dant contre Jean de Rabaine, escuier, seigneur d'Usson. Par
lequel acte est aussi ordonné que le seigneur d'Usson déclare-
ra dans huict jours pour tout temps de quel gentilhomme il a
achepté les harnois et deux chevaux du service de l'arrière
ban de quel poil et de quel prix. Ils sont confirmés par l'assignation donnée et signée A. Doussoux, sergent royal, le 18 de

1. Jean IV de Rabaine.

décembre l'an 1552, à noble homme Jean de Rabaine, escuier, seigneur d'Usson, à la requeste de noble homme Jacques de Rabaine, escuier, seigneur de Jazenes, pardevant monsieur le séneschal de Xaintonge à Xaintes, pour voir condempner le dict Jean de Rabaine, escuier, seigneur d'Usson, randre les 72 livres que le dict Jacques de Rabaine, escuier, seigneur de Jazenes, lui a payé, à cause du service chevaux et armes, en laquelle somme il a esté condamné pour le service de l'arrière ban de la noblesse de Xaintonge, suivant sa promesse du septiesme juillet 1552, signée J. de Rabaine. Lesquels actes font bien cognoistre la bravoure de nostre Jacques de Rabaine, escuier, seigneur de Jazennes, et que non seulement il estoit convocqué au ban et arrière ban et aux assemblées de la noblesse, comme les autres nobles de la province, mais encor qu'il s'offroit volontairement de servir le roy sans attendre d'y estre condamné par le séneschal de Xaintonge. Aussi nos seigneurs de Rabaine ont esté toujours très bons serviteurs et fidèles subjects à leurs souverains, ce qui a faict qu'ils n'ont point passé de siècles sans quelques considérables emplois, comme nous voions dans cette convocation de ban que le seigneur d'Usson, chef chimier et aisné pour lors du nom de Rabaine, en avoit la conduicte avec le seigneur d'Ozillac, qui pour lors estoit du nom de Mortemer ou Daubeterre [1]. Et nostre Jacques avoit esté de son temps apparemment gouverneur de Royan, comme on peut juger par une lettre du prieur de Sainct-Eutroppe lès Xaintes, qu'il escript à nostre Jacques de Rabaine, en qualité de monsieur de Cravans, du 13 aoust, sans autre datte, et dans l'inscription, à monsieur le grand capitaine du roy, auquel ledict sieur prieur demande un oiseau pour monsieur d'Aubigné [2], à qui est le porteur de la lettre, lui marquant que monsieur de Taillebourg ira à Royen dans peu de

§ V

---

1. Le seigneur d'Ozillac était alors Geoffroy de Sainte-Maure.

2. Jean d'Aubigné, sieur de Brie, père d'Agrippa d'Aubigné.

jours et que monsieur de Maigné est à Béthune, et qu'il
faut qu'il se rende à Royan. Ce qui faict cognoistre que nostre Jacques de Rabaine ne demeuroit pas fainéant dans sa maison,
car, quand il n'estoit pas au service du roy il s'occupoit à donner la liberté à son bien et se remettre dans ses droicts comme
nous allons voir par tous les actes suivants, et premièrement
par l'exécutoire en original, signé de Pontac et scellé, donné
au parlement de Bourdeaux, le 21 juillet 1548, en faveur de
demoiselle Perrette de Beaumond, dame de Cravans, procé-
dante soubs l'authorité de Jacques de Rabaine, escuyer, seigneur de Jazennes, son mari, pour faire payer cinq escus,
moitié de dix, pour raison des espices du procès, dont arrest
s'est ci devant donné et ensuivi à Bourdeaux, entre feu Guillaume de Beaumond, escuier, seigneur de Cravans, père de
la dicte Perrette, et dame Jeane Lhermite, dame princesse
de Mortagne sur Gironde, le dict exécutoire appuyé par un
commandement, faict en original par J. Tuffé, sergent royal,
en datte du 24 décembre 1548, lequel s'estoit transporté de
Pons, sa demeure, au chasteau de la principauté de Mortaigne, pansant y treuver noble et puissante Jeane Lhermite [1],
dame princesse de Mortagne-sur-Gironde, à la requeste de
demoiselle Perrette de Beaumont, dame de Cravans, procé-
dante soubs l'authorité de Jacques de Rabaine, escuier, seigneur de Jazennes, son mari, en nom et comme héritière de
feu Guillaume de Beaumond, escuier, seigneur de Cravans,
son père, en vertu des lettres royaux, ci devant immédiate-
ment énoncés du 21 juillet 1548, le dict commandement laissé
à monsieur Louis Rigaudeau, sieur des Brissons, pour ladicte
de Mortaigne, pour payer à la dicte de Beaumond cinq escus
d'or sol, moitié de dix, et l'absance ayant marqué reffus,
saisit les rantes de Mortagne deues à Noël, et establit com-

---

1. Jeanne Lhermitte, seconde femme d'Antoine de Montberon, petite-fille de
Tristan Lhermitte, grand-prévôt de Louis XI. Cf. *Recueil de la commission
des arts et monuments de la Charente-Inférieure*, t. x, p. 94 (1889) et
Archives historiques de Saintonge, vi, 360 (1879).

missaires le nommé Servant, de Mortagne, et Gousset, laboureur de Flérac, puis après le dict Rigaudeau paya les cinq escus pour la dicte Lhermite, qui estoit une femme de grande qualité et de grands biens, estant dame suseraine de la chastellanie de Cravans, qui relève par hommage seulement de la principauté de Mortagne, dont il conservoit les droicts contre la dicte Lhermite, comme nous allons voir qu'il conserva ceux de la terre parroisse et seigneurie de Jazennes contre le seigneur de Pons, duquel la terre de Jazennes relève, et premièrement par la coppie de réception d'hommage randu par le dict Jacques de Rabaine, escuier, seigneur de Jazennes, à haut et puissant messire Anthoine, sire de Pons, chevalier des ordres du roy, son chambellan et gouverneur de Xaintonge, des choses qu'il tient de lui, passé et signé de (*blanc*) le 20 octobre l'an 1540, auquel hommage il a esté receu à la réserve de la justice moyenne et basse, comprise dans son dénombrement que le seigneur de Pons lui dispute, quoi qu'elle fust transportée au sieur de Jazennes par demoiselle Catherine de Ferrières, mère du dict seigneur de Pons, par traicté passé par Clément Rougier, moiennant 50 escus sol et 50 livres d'arresrages de rante de 10 livres escheus, sur quoi le sieur de Jazennes a promis qu'en lui remboursant le tout et le tenant quitte des vantes de 10 livres de rante vandues par féu Ivon de Rabaine, escuier, son père, à Pierre Blois, sieur du Seudre, il remettra ce qu'il a acquis de la dicte de Ferrières, sans préjudice de ses autres droicts portés par les hommages et autres droicts acquis auparavant le contract faict par Roger, la dicte réception d'hommage, faicte en présence de noble et puissant Louis de Pons, baron du dict lieu, et Heslie de Beaumond, escuyer. Lesquelles protestations portées par la dicte réception d'hommage sont appuyées et fortifiées par la procuration passée et signée en original par Herpin, notaire, à Xaintes, estant au fauxbourg de La Bretonnière, le 2 aoust 1547, par laquelle noble homme Jacques de Rabaine, escuier, seigneur de Jazennes, donne procuration à maistre Guillaume Colineau, procureur à Pons, pour consentir l'exécution de l'arrest donné au parlement de Bourdeaux le 9 d'avril 1543, entre le seigneur de Pons et le dict Jacques de Rabaine, constituant, quand au premier chef, sans préjudice de ses droicts et deffances, qu'il entend dire et alléguer au second chef, et faire offre de resaisir les fruicts tels que de raison, ensemble les despans, et faire ses offres devant les exécuteurs de l'arrest ou autres qu'il appartiendra. Par lesquels actes nous voions clairement que nostre Jacques vouloit bien randre ce qu'il devoit, mais qu'il vouloit conserver ses droicts, mesmes contre les plus grands seigneurs de la province, tels qu'estoient les seigneurs de Pons et Mortagne. Aussi voulut-il pour conserver les droicts qu'il avoict dans la chastellenie de Tonnay-Charante, qui estoit la seigneurie des paroisses du Pui et de Sainct-Pierre de Luxant, les affermer à Jean Texier, dict Correcte, prebstre, curé de la dicte parroisse de Sainct-Pierre de Lussent, pour un an, les agrières à bled et vignes, tant en agrière qu'en domaine, comme aussi l'herbe du pré de Clereau, le tout situé ès parroisses du Pui et de Lussant pour 60 boisseaux froment, à la mesure de Tonnay-Cherante, qui est très grande, et un tonneau de vin clairet, et 60 livres en argent. le tout payable au port Carillon, à la feste de sainct François, qui sont des marques assés visibles des assés considérables biens de nostre Jacques de Rabaine qui estoit seigneur de cinq belles parroisses, et du soing qu'il avoit de se les conserver, comme nous allons voir plus particulièrement dans les actes suivants, qui regardent seulement le grand soing qu'il avoit de se maintenir dans les droicts § X simplement honorifiques, tels que ceux de l'église de Cravans, desquels il eut de grands procès et grandes querelles avec ceux du nom de Beaumond, cousins germains ou cousins seconds de Perrette de Beaumond, dame du dict Cravans, sa femme, qui durèrent pandant la vie tant de nostre dict Jacques de Rabaine que de Perrette de Beaumond, sa

femme, qui lui survesquit que aussi pandant la vie de René
de Rabaine, escuyer, seigneur de Jazennes, Cravans et
Tanzac, leur fils, qui n'en peut venir à bout pandant sa vie,
cette affaire n'ayant esté parachevée ni terminée que par
demoiselle Marie Gombaud, femme du dict René, ayeule du
seigneur de Briagne, laquelle en transigea avec dame Magdelaine de Cr [1] (*mots à moitié rongés*) [vefve de Jacques] de
Beaumont, chevalier, seigneur de Rioux et de Beaumont en
Cravans, et par cette voie esteignit ce long procès et querelle
qui avoict duré si longtemps dans la famille de son mari,
dont nous allons voir la source et la continuation par les
actes suivants, et premièrement par la déclaration en original
de Anthoine du Noir, signée de lui et de Raillon, par laquelle
le dict Dunoir, peintre et vitrier de Xaintes, pour obéir à la
quérémonie impétrée par Jacques de Rabaine, escuier, seigneur de Jazennes, et demoiselle Perrette de Beaumond,
dame de Cravans, sa femme, dict que, il y a environ un an,
qui estoit au mois de juillet 1547, que noble homme Giles
de Beaumont, escuier, seigneur de Beaumond, frère de
maistre Nicolas de Beaumond, chanoine et doyen de Xaintes,
abbé de Masdion et prieur de Saint-Savenien (qui estoient
tous deux enfans de Jean de Beaumond et de M. de La
Ferrière et petits-enfans de Méri de Beaumond, seigneur de
Cravans [2]), s'adressa au dict Dunoir, en sa bouticque, lui
demanda s'il vouloit aller à Cravans, lui faire quelques
armoiries qu'il lui diroit, ce qu'entreprit le dict Dunoir, qui
fut à Cravans metre, en la listre, les armes que lui indicqua

---

1. Peut-être faut-il compléter : « Magdeleine de Cruc »; mais son mari ne
se nommait pas Jacques, il s'appelait Jules. Leur fils Jacques épousa Jeanne
de La Porte, fille de Germain et de Madeleine de Cruc. (Voir *Dictionnaire
des familles du Poitou*, nouvelle édition, par Beauchet-Filleau).

2. Cette filiation, du côté paternel, est confirmée par l'*Histoire* manuscrite *de la maison de Beaumont*, fo 154 et suivants, et le *Dictionnaire des
familles du Poitou*, de Beauchet-Filleau, nouvelle édition; mais N. de La
Ferrière n'est pas nommée. Son nom était resté ignoré.

le dict Giles de Beaumond; quoi faisant entra deux ou trois fois en l'église la dicte Perrette de Beaumond, dame du dict Cravans, qui demanda au dict Dunoir pour qui il travailloit, et lui ayant respondu que c'estoit pour le seigneur de Beaumond, lui demanda son nom, et prit ses gens à tesmoin, et le dict Dunoir déclare avoir veu les armes des dicts compleignants, confirmé par acte donné en la séneschaussée de Xaintonge, signé en original, Peraud et Aigron, entre Jacques de Rabaine, escuier, seigneur de Jazennes, et demoiselle Perrette de Beaumond, dame de Cravans, sa femme, demandeurs en arrest de querelle contre Giles de Beaumond, escuyer, seigneur du dict Beaumont, deffandeur, en datte du 11 aoust 1547, fortiffié par l'assignation signée Jocquet, sergent royal, demeurant à Pons, donnée à Xaintes le 12 juillet 1547, à la requeste de nobles personnes Jacques de Rabaine, escuyer et demoiselle Perrette de Beaumond, sa femme, seigneur et dame de Jazennes et Cravans, et Gilles de Beaumont, escuyer, seigneur de Beaumond, devant monsieur maistre Guy de Prahec, lieutenant criminel de Xaintes, au jeudi d'emprès, à sept heures du matin, devant la porte de l'église de Cravans, pour procéder à la monstrée mentionnée au mandement. Lequel mandement à santance de monstrée (qui est la cinquiesme pièce de l'invantaire produict à Limoges et la seconde des tiltres qui concernent nostre Jacques) est une pièce qui appuye grandement la procédure des droicts honorifiques de Cravans, laquelle est donnée par Guy de Prahec, lieutenant général criminel de Xaintes, signé Senné, greffier du dict Xainctes, et dattée des 28 (?) et 14 juillet 1547, par laquelle il ordonne que sera faicte descente sur les lieux devant la porte de l'église de Cravans le jour ensuivant, heure de sept du matin, pour faire la dicte monstrée et pourvoir au (*mot rongé, principal?*) de l'affaire [entre] Jacques de Rabaine, escuyer, et demoiselle Perrette de Beaumond, seigneur et dame de Jazennes et Cravans, demandeurs en arrest de querelle sur le premier chef contre Giles de Beaumond, escuyer, seigneur du dict Beaumond.

(*Ici s'arrête le mémoire*).

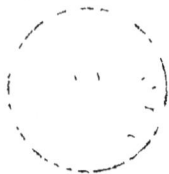

———

LA ROCHELLE, IMPRIMERIE NOEL TEXIER.

ERRATA

—

Page   3, ligne 27. Saint-Seurin de Marennes, lire Saint-Sornin de Ma-
             rennes.
Page 17, ligne 3. *Louis* et Loubate, lire *Jean* et Loubate.
Page 23, ligne 21. Le Pin, lire le Pui.
Page 24, ligne 13. évêques, lire évêque.
Page 32, ligne 33, et page 38, ligne 8. Pierre IV, lire Pierre V.
     —   ligne 34. Pierre V, lire Pierre VI.
     —   ligne 36. Pierre VI, lire Pierre VII.
Page 34, ligne 8, et page 38, ligne 22. Pierre III, lire Pierre IV.
Page 38, ligne 10. Simom, lire Simon.
Page 48, ligne 1. Geoffroi, lire Geoffroy.
     —   ligne 1. Pisani, lire Pisany.
Page 58, ligne 13. domicello, lire damicello.
Page 67, ligne 3. La Bérarde, lire la Bérarde.
Page 88, ligne 4. évidente; car..., lire evidente, car...
Page 108, ligne 6. la Combe, lire la combe.
     —   ligne 13. Bonneville, lire Sonneville.
Page 147, lignes 15 et 27. Jeanne, lire Jeanne.

www.ingramcontent.com/pod-product-compliance
Lightning Source LLC
Chambersburg PA
CBHW071949110426
42744CB00030B/688